Band 1
Jahrgangsstufe 7

Betriebswirtschaftliche Steuerung und Kontrolle

Theorie und Aufgaben

Hartmut Umhöfer
Yvonne Kopp
Svenja Hausener

Hartmut Umhöfer
Hartmut Umhöfer verfügt über eine langjährige Unterrichtspraxis in der Wirtschaftsschule. Er unterrichtet dort die kaufmännischen Fächer (Rechnungswesen, Betriebswirtschaft, Volkswirtschaft, Übungsfirmenarbeit, Datenverarbeitung). Er ist an seiner Schule neben der Schulentwicklung auch als Multiplikator für die Umsetzung von „LehrplanPLUS", des kompetenzorientierten Lehrplans an Wirtschaftsschulen in Bayern, zuständig.

Vor seiner Tätigkeit als Lehrer arbeitete Herr Umhöfer in mehreren Unternehmen der Logistikbranche und hat daher eine klare Vorstellung von den Anforderungen, die an die Auszubildenden in der Unternehmenspraxis gestellt werden.

Yvonne Kopp
Yvonne Kopp, geb. 1979, hat ihr Studium zur Diplomhandelslehrerin an der TU Chemnitz (in den Vertiefungsrichtungen Personal und Finanzen) absolviert. Zuvor schloss sie erfolgreich eine Ausbildung zur Bankkauffrau ab, sammelte mehrere Jahre Berufserfahrung und erwarb den Bankfachwirt an der IHK. Im Referendariat an der Berufsschule in Neumarkt (i. d. OPf.) und in Bad Kissingen erlangte sie ihr zweites Staatsexamen.

Seit 2012 ist sie als Lehrkraft an der Wirtschaftsschule in den Fächern Betriebswirtschaftslehre, Volkswirtschaftslehre, Rechnungswesen, Datenverarbeitung und Übungsfirmenarbeit eingesetzt.

Svenja Hausener
Svenja Hausener verfügt über langjährige Unterrichtspraxis in den Klassen Bürokaufleute, Kaufleute für Bürokommunikation, weiteren Berufsschulklassen sowie im Wirtschaftsgymnasium und in der Wirtschaftsschule.

Sie ist Prüferin bei der IHK für verschiedene Berufszweige (Bürokaufleute, Kaufleute für Groß- und Außenhandel, Kaufleute für Einzelhandel). In ihrer Schule ist sie u. a. zuständig für Individualfeedback und die Förderung der Methodenkompetenz der Schülerinnen und Schüler.

Layout und Cover
KLV Verlag GmbH

2. Auflage 2017

ISBN 978-3-85612-052-3

KLV Verlag GmbH | Bellamonter Straße 30 | 88463 Eberhardzell
Telefon 07358 9610920 | Fax 07358 9610921
info@klv-verlag.de | www.klv-verlag.de

Inhaltsverzeichnis

3 Lernbereich 2.2: Kaufverträge abschließen 70

4 Methodenpool 88

Anhang 108

Vorwort

Das vorliegende Buch wurde in Übereinstimmung mit der Entwurfsfassung des neuen Lehrplans für das Fach Betriebswirtschaftliche Steuerung und Kontrolle (BSK) erstellt, der ab dem Schuljahr 2014/2015 in Kraft getreten ist.

Der Band I beinhaltet die Kompetenzerwartungen der Jahrgangsstufe 7.

Anhand von zielgruppenorientierten Lern- und Anwendungssituationen sollen den Schülerinnen und Schülern Wissen, Können sowie die Fähigkeit, Aufgaben selbstständig lösen zu können, vermittelt werden. Dies geschieht unter der Berücksichtigung von verschiedenen Sozialformen, mit dem Ziel, die Teamfähigkeit der Schülerinnen und Schüler schon in der Unterstufe zu entwickeln und zu stärken, und eine ganzheitliche Schülerpersönlichkeit sowie ein ganzheitliches Bildungsverständnis zu fördern.

Durch die Kombination von:

- Lernsituationen
- Informationen (Sachtexte, Grafiken, Beispiele)
- Präsentation der Handlungsprodukte
- Reflexion sowie
- Anwendungssituationen und Aufgaben

wird ermöglicht, dass Bildung und Erziehung Hand in Hand vermittelt werden. Außerdem steht nicht nur das erzielte Ergebnis, sondern auch der gewählte Lösungsweg im Vordergrund. Wir möchten an dieser Stelle darauf hinweisen, dass die Informationstexte nur als Grundlage für weitere Recherchen der Schülerinnen und Schüler im Rahmen der Orientierungsphase dienen sollen. Die selbstständige und eigenverantwortliche, vor allem umfassende Erarbeitung eines Sachverhalts soll als Beitrag zum Erwerb von Methodenkompetenzen betrachtet werden.

Die einzelnen Themenbereiche werden im Rahmen von Kleinprojekten bearbeitet, die das Ergebnis präsentieren und reflektieren.

Schülergerechte Illustrationen veranschaulichen die nach dem Lehrplan geforderten Inhalte. In der Neuauflage haben wir versucht, kleine Fehler der 1. Auflage zu verbessern und die Grafiken an aktuelle Gegebenheiten anzupassen.

Stand der Gesetzgebung in diesem Buch ist der 1. Januar 2017.

Die Lehrwerksreihe besteht aus vier Jahrgangsbänden (Klassenstufe 7, 8, 9, 10), die jeweils zeitnah mit Veröffentlichung der Entwurfsfassungen der neuen Lehrpläne angeboten werden. Jeder Jahrgangsband besteht aus Theorie & Aufgaben und Lösungen.

Nobody is perfect! Wir sind daher jederzeit für Anregungen und Kritik aufgeschlossen.

Das Autorenteam

Erklärung Icons

Kompetenz

Lernsituation

Arbeitsaufträge

Informationen

Beispiel

Hinweis/Merke/Achtung

Aufgaben

Qualitätsansprüche

KLV steht für **K**LAR • **L**ÖSUNGSORIENTIERT • **V**ERSTÄNDLICH.

Bitte melden Sie sich bei uns per Mail (info@klv-verlag.de) oder Telefon 07358 9610920, wenn Sie in diesem Werk Verbesserungsmöglichkeiten sehen oder Druckfehler finden. Vielen Dank.

Konzeption und Aufbau des Buches

Die Konzeption des Lern- und Arbeitsbuches orientiert sich an dem Anspruch des kompetenzorientierten Lehrplans. Die geforderte Handlungskompetenz, d.h. die Fähigkeit und die Bereitschaft der Schüler, in lebensnahen Situationen eine vollständige Handlung selbstständig und eigenverantwortlich durchzuführen, ist Richtlinie für die Bearbeitung der einzelnen Lernbereiche.

Ausgehend von einer am Anfang einfachen, später komplexer werdenden, praxisbezogenen Aufgabenstellung (= Lernsituation) erhält der Schüler Handlungsaufträge, die ihn nach der Informations-, Planungs- und Entscheidungsphase schließlich zur Erstellung eines Handlungsproduktes auffordern. Zusätzliche Aufgaben runden die jeweiligen Kapitel ab.

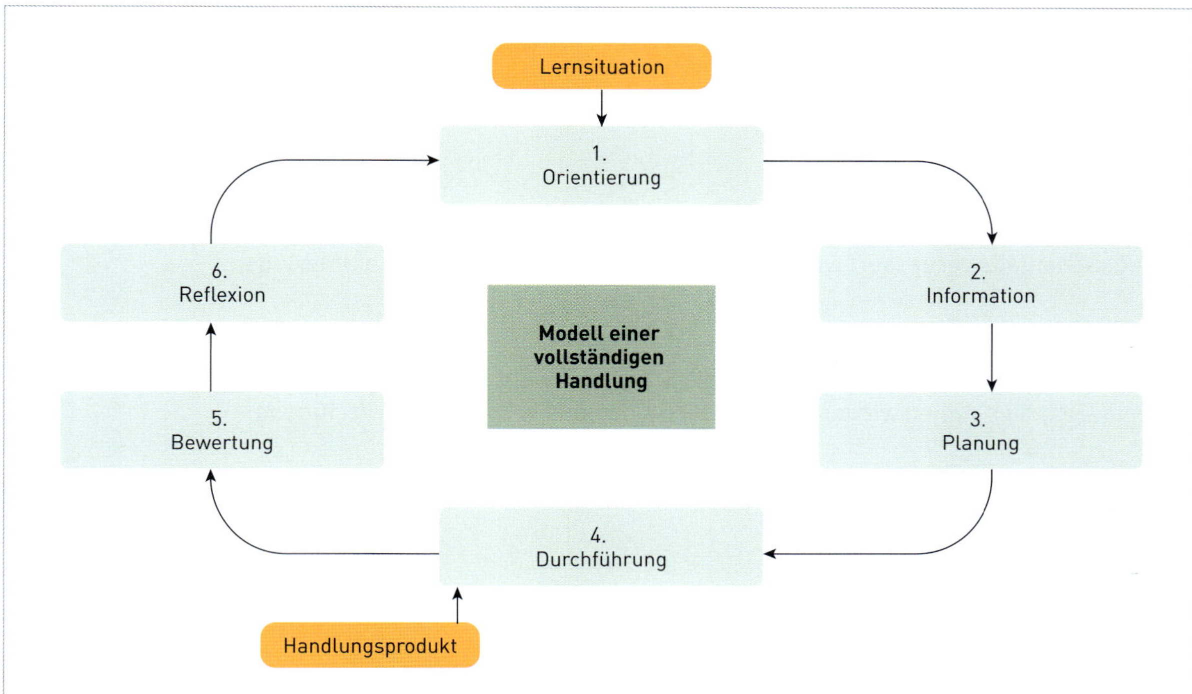

1. Orientierung
Die Schüler machen sich mit der vorliegenden Lernsituation vertraut und ermitteln das gestellte Problem.

2. Information
Die Schüler besorgen sich die benötigten Arbeitsmaterialien und informieren sich selbstständig zur Lernsituation. Im vorliegenden Buch besteht diese Informationsbeschaffung natürlich hauptsächlich aus den beigefügten Informationstexten. Daneben stehen selbstverständlich noch weitere Methoden und Techniken zur Verfügung:

- Referate
- Informationsbeschaffung über das Internet
- Informationsbeschaffung durch Betriebserkundungen bzw. Betriebsbesichtigungen
- Brainstorming
- Brainwriting
- Stationenlernen
- Pro-und-Kontra-Debatte
- usw.

3. Planung
Die Schüler planen selbstständig, wie sie die Aufgaben bearbeiten wollen. Das heißt, sie planen ihre Vorgehensweise. Dies kann sowohl in themengleichen als auch thementeiligen Arbeitsgruppen geschehen. Als mögliche Methoden und Techniken stehen ihnen dabei unter anderem das Mindmapping und ein Arbeits-, Maßnahmen- und Zeitplan zur Verfügung.

4. Durchführung
Die Schüler bearbeiten selbstständig die Aufgaben und erstellen das Handlungsprodukt, wenden also das gewonnene Wissen an. Als mögliche Handlungsprodukte kommen infrage:

- Vortrag
- Referat
- Hefteintrag
- Antwortschreiben in Form eines Briefes, eines Telefaxes oder einer E-Mail
- Rollenspiel
- Plakat oder Folie
- PowerPoint-Präsentation
- usw.

5. Bewertung
Nach der Bearbeitung der Lernsituation präsentieren die Schüler ihr Handlungsprodukt. Nachdem dieses gegebenenfalls verbessert wurde, sichern sie die Ergebnisse in ihren Unterlagen.

6. Reflexion
Am Ende jeder Lernsituation reflektieren die Schüler sowohl das Arbeitsergebnis als auch den Arbeitsprozess. Auch hier stehen wieder mehrere Methoden und Techniken zur Verfügung:

- Feedback
- Bewertungsbogen „Zielscheibe"
- Bewertungsbogen „Gruppenarbeit"
- Stärken- und Schwächen-Analyse
- Punktabfrage
- Beobachtungsbogen zur Selbst- und Fremdeinschätzung
- usw.

Unsere Familie stellt sich vor

Die Familie Zagerl wird dich durch die nächsten vier Schuljahre begleiten. Georg und Veronika Zagerl stammen aus der Drei-Flüsse-Stadt Passau in Niederbayern. Georg fand nach seinem Studium eine Arbeitsstelle bei einem Maschinenbauunternehmen in Freyung, Veronika arbeitete als gelernte Einzelhandelskauffrau bis zur Geburt der ersten Tochter in einem Sportgeschäft in Passau.

Vor zehn Jahren nahm Georg eine Stelle als Ingenieur in der Forschungs- und Entwicklungsabteilung eines Schweinfurter Großunternehmens an. Nur ein halbes Jahr später kam Ehefrau Veronika mit den drei Kindern nach. Vor sechs Jahren kam das vierte gemeinsame Kind Charlotte zur Welt.

Vater Georg Zangerl

Mutter Veronika Zangerl

Tochter Lisa (18) besucht die 12. Klasse des Gymnasiums

Benjamin (16)
Auszubildender zum Industriekaufmann im 1. Lehrjahr

Lena (13) besucht seit diesem Schuljahr die 7. Klasse der Wirtschaftsschule

Charlotte (6) Nesthäkchen, kommt erst nächstes Jahr in die Schule

Lernbereich 1: Ein Unternehmen in der Region erkunden

Kapitel 1

1 Lernbereich 1: Ein Unternehmen in der Region erkunden

Kompetenzerwartungen
Die Schülerinnen und Schüler

- erfassen die Vielfalt der Unternehmen in der Region und machen sich mit deren Standortbedingungen und Grundfunktionen vertraut.
- ermitteln Daten eines Unternehmens durch eine Internetrecherche sowie eine Betriebserkundung und wenden in diesem Zusammenhang grundlegende Lern- und Arbeitstechniken an. Dabei strukturieren sie ihre Arbeitsabläufe und stellen einen Zeitplan zur Erreichung ihrer Arbeitsergebnisse auf.
- erkunden das ausgewählte Unternehmen mithilfe eines zuvor erstellten Beobachtungsbogens und treten vor Ort angemessen auf.
- werten ihre Beobachtungen sowie Erfahrungen im erkundeten Unternehmen systematisch aus und dokumentieren und präsentieren diese mit geeigneten Medien. In diesem Zusammenhang arbeiten sie effektiv unter Einsatz üblicher Standardsoftware.
- reflektieren die gesammelten Beobachtungen sowie Erfahrungen und ziehen Rückschlüsse insbesondere für ihr künftiges Auftreten in Unternehmen.
- beurteilen abschließend die Planung ihrer Arbeitsabläufe, bewerten die Durchführung und setzen Strategien zur Optimierung künftiger Arbeitsabläufe ein.

1.1 Lernsituation 1: Wir erfassen die Vielfalt der Unternehmen in der Region

Lena und Luca besuchen beide die Wirtschaftsschule. Ihr Lehrer im Fach BSK (Betriebswirtschaftliche Steuerung und Kontrolle) hat ihnen zu Beginn des Schuljahres mitgeteilt, dass alle Schüler der 7. Klasse am nächsten Girls- bzw. Boys-Day teilnehmen werden. Am Mittwochmorgen treffen sich beide in der Pause:

Lena: Guten Morgen, Luca.

Luca: Hallo, Lena. Hast du das eigentlich gecheckt, was Herr Weiß mit diesem Girls- und Boys-Day gemeint hat?

Lena: Ja, eigentlich schon. Irgendwie geht's wohl darum, dass wir einen ersten Einblick in die Berufswelt bekommen sollen. Und deswegen sollen wir an diesem Tag mal in einen Beruf unserer Wahl hineinschnuppern.

Luca: Okay. Aber ehrlich gesagt, ich habe mir da noch überhaupt keine Gedanken gemacht. Es ist außerdem auch noch eine Zeitlang hin, bis wir Herrn Weiß Bescheid geben müssen, was wir machen.

Lena: Mmmm, das stimmt schon. Aber ich fände es gut, wenn wir eine Übersicht hätten, was für Betriebe es eigentlich gibt und was man dort macht.

Luca: Tja, allein in unserem Dorf gibt es bestimmt zehn verschiedene Betriebe. Lass uns doch einfach mal nachforschen, ob wir nicht ein System in die Vielzahl der Betriebe reinbringen könnten.

Lena: Genau. Ich habe da gestern einen total interessanten Beitrag im Fernsehen angeschaut, wie ein T-Shirt entsteht. Mithilfe dieser Informationen könnten wir ein Plakat erstellen, auf dem wir einen Vorschlag machen, wie man Betriebe etwas genauer einteilen könnte.

1. Macht euch mit der Situation vertraut, indem ihr euch zunächst orientiert: Betrachtet hierzu die erhaltenen Unterlagen und stellt sicher, dass euch klar ist, was eure Aufgabe ist. **(Orientierung und Information)**
2. Plant euer weiteres Vorgehen, indem ihr euch Gedanken macht, was in dieser konkreten Situation zu tun ist, und notiert diese stichpunktartig. **(Planung)**
3. Entwerft ein Plakat, auf dem übersichtlich die einzelnen Wirtschaftssektoren vorgestellt werden. Sucht mindestens vier Betriebe aus eurer Heimatgemeinde und ordnet sie den einzelnen Sektoren zu **(Durchführung)**.
4. Präsentiert eure Ergebnisse im Klassenplenum und diskutiert über sie bzw. nehmt Verbesserungen vor.
5. Überlegt, in welchem Sektor ihr später gerne arbeiten möchtet und warum, und notiert eure Gedanken für euch selbst **(Reflexion)**.

1.1.1 Die Wirtschaftssektoren

Die Wirtschaft eines Landes bzw. der ganzen Welt (man spricht hier auch von der globalen Wirtschaft) besteht aus zahlreichen wirtschaftlichen Einheiten, die entweder als Betriebe Sachgüter oder Dienstleistungen herstellen oder als Haushalte die bereitgestellten Sachgüter und Dienstleistungen verbrauchen.

In einem Betrieb werden Arbeitskräfte, Betriebsmittel (Werkzeuge, Maschinen) und Werkstoffe (Rohstoffe, Hilfsstoffe und Betriebsstoffe) vom Unternehmer kombiniert, um eine bestimmte Leistung so wirtschaftlich wie möglich zu erstellen.[1]

Die Betriebe können nun nach Art der von ihnen erstellten Leistung unterschieden werden in:

- Rohstoffgewinnungsbetrieb (z. B. Bergwerk, Baumwollplantage)
- Produktionsmittelbetrieb (z. B. Maschinenfabrik)
- Verbrauchsgüterindustrie (z. B. Schuhfabrik, Bekleidungsfabrik)
- Dienstleistungsbetriebe (z. B. Handelsbetriebe, Banken, Versicherungen, Transportbetriebe)

Fast alle Güter durchlaufen auf ihrem Weg zum Endverbraucher mehrere Verarbeitungsstufen, die man auch als Wirtschaftssektoren bezeichnet. Zusammengefasst können die einzelnen Wirtschaftssektoren wie folgt dargestellt werden:

Der **Primärsektor** wird auch als Urproduktion bezeichnet. Zu diesem Sektor zählen land- und forstwirtschaftliche Betriebe (z. B. Ackerbau, Viehzucht und Waldnutzung mit Jagd) und die Fischerei. Er beschreibt also die Wirtschaftstätigkeiten, die unmittelbar mit der Natur, den Tieren und den Pflanzen zu tun haben. Die Gewinnung dieser Rohstoffe umfasst die erste (= primäre) Stufe der wirtschaftlichen Tätigkeit. In den meisten Entwicklungsländern ist der Anteil der Bevölkerung, der im primären Wirtschaftssektor arbeitet, wesentlich höher als in den Industrienationen.

1 vgl. hierzu Lernsituation 2

In der zweiten (= sekundären) Stufe werden die ursprünglichen Ressourcen der Natur in bearbeitete und verarbeitete Güter umgeformt (z. B. Baumwolle in Fasern, die zur Herstellung von Bekleidung dienen). Zu diesem **sekundären Sektor** zählen neben den Industrie- und Handwerksbetrieben auch die Betriebe der Energiewirtschaft (durch Wasserkraft, Windkraft und Bergbau).

In einem dritten (= tertiären) Schritt bedarf es noch verschiedenster Dienstleistungen, wie z. B. des Transports, der Organisation, des Handels, Banken- und Versicherungsleistungen usw., um das Funktionieren der Wirtschaft sicherzustellen. Aus diesem Grund nennt man den **tertiären Sektor** auch Dienstleistungssektor.

Betrachtet man den Anteil der Beschäftigten in den einzelnen Wirtschaftssektoren, so stellt man fest, dass der Dienstleistungssektor über die Jahrzehnte an Bedeutung gewonnen hat. Heute sind über zwei Drittel aller Beschäftigten im Dienstleistungsbereich tätig, während es vor hundert Jahren nur etwa ein Viertel war. Man spricht deshalb auch von einem Strukturwandel der Wirtschaft hin zu einer Dienstleistungsgesellschaft.

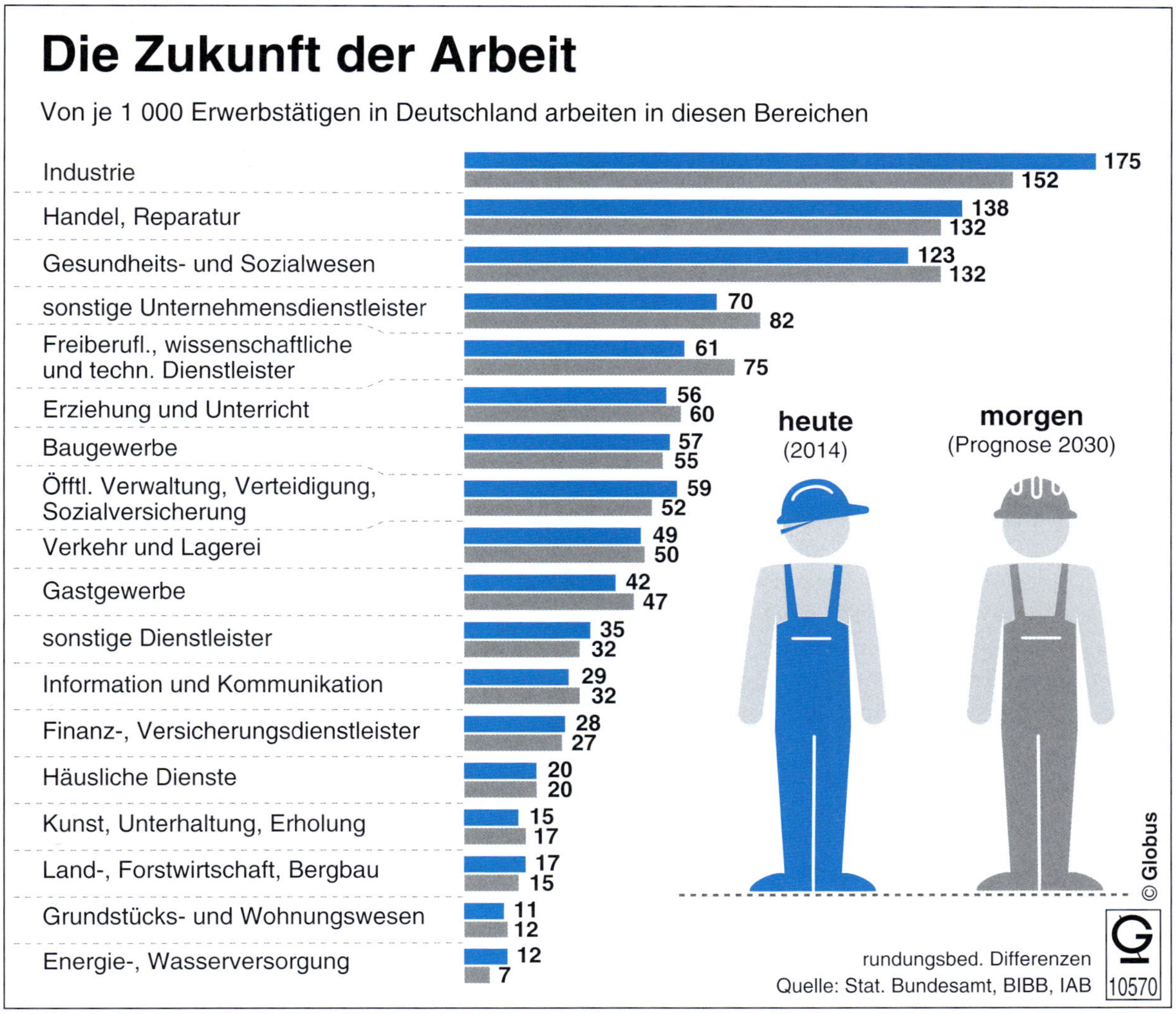

1.1.2 Auszug aus dem Fernsehbeitrag „Wie entsteht ein T-Shirt"

Von der Baumwollernte in Pakistan bis zum Verkauf in Deutschland – das T-Shirt durchläuft in seiner Entstehung alle drei Wirtschaftssektoren.

Das T-Shirt: Es scheint unter allen Kleidungsstücken das einfachste zu sein. Doch betrachtet man seinen Lebenszyklus, so stecken in ihm Feldarbeit, tausende Kilometer Transportweg, hunderte Arbeitsschritte und die Arbeitskraft unzähliger Menschen. Das Leben eines T-Shirts beginnt mit der Keimung des Baumwollsamens. Besonders häufig wird jene Pflanze in asiatischen Gebieten – Pakistan, China, Indien – und in den Südstaaten der USA angebaut. Die ca. 400 Gramm Baumwolle, die in etwa für ein T-Shirt benötigt werden, kosten den Abnehmer lediglich 0,40 €.

Nach der Ernte wird die Baumwolle zur Weiterverarbeitung in verschiedene Länder Asiens, wie beispielsweise Bangladesch, verschifft. Dieses Glied der textilen Kette ist hauptsächlich von maschineller Arbeit geprägt. Unterschiedliche Mischverhältnisse der Fasern produzieren verschiedene Garnarten, die dann zu Flächen verwebt werden. Danach bekommt der nun fein gewebte Stoff die vom Auftraggeber gewünschte Farbe.

So kostet ein T-Shirt aus Bangladesch in der Produktion circa 1,35 €. Der Stoff wird dann in der Konfektion im Akkord zugeschnitten, genäht und kontrolliert, weshalb dieser Produktionsschritt der arbeitsaufwendigste ist. Die Verfeinerung des Designs findet nicht zwingend in der gleichen Fabrik statt. Somit wechselt das T-Shirt zur Verzierung mit Aufdrucken, Knöpfen oder ähnlichen Details erneut den Produktionsort und wird in Partnerfabriken, zum Beispiel in Indien, weiterverarbeitet. Dann treten die T-Shirts zu Tausenden in überdimensionalen Containern ihren Weg in die verschiedenen Filialen der ganzen Welt an. Ein Frachtschiff kann 8 000 solcher Container fassen und kostet für eine Strecke von Bangladesch nach Deutschland gerade einmal 2 800 € pro Container. Das sind auf das T-Shirt gerechnet lediglich sechs Cent. Bis also das T-Shirt in den einzelnen Bekleidungsgeschäften angekommen ist, hat es bereits einen Weg von etwa 20 000 Kilometern zurückgelegt. Dort wartet es dann, hübsch auf einem Stapel sortiert, täglich zehn Stunden darauf, gekauft zu werden.

1.2 Lernsituation 2: Wir lernen die Grundfunktionen eines Unternehmens kennen

Lena und Luca haben sich dazu entschlossen, den Girls- bzw. Boys-Day bei der Berger & Thaler Sportswear OHG zu verbringen. Beide haben sich dort erfolgreich beworben und so starten sie am Montagmorgen zu ihrem ersten Schritt in die Berufswelt.

Im Unternehmen werden sie von Frau Berger, Chefin des Unternehmens, und Julian, Auszubildender zum Kaufmann für Büromanagement, begrüßt.

Frau Berger: Guten Morgen, ihr zwei. Freut mich sehr, dass ihr euch schon so früh dafür interessiert, wie es in ein paar Jahren im Berufsleben so aussieht.

Luca: Ja, wir machen das gerade im BSK-Unterricht und wir finden das total spannend.

Frau Berger: Gut. Und damit ihr auch etwas von diesem Tag habt, wird euch unser Auszubildender Julian das komplette Unternehmen zeigen. Er ist Auszubildender im dritten Ausbildungsjahr und kennt sich bei uns bestens aus. Und falls ihr Fragen habt, löchert ihn ruhig.

Lena: Danke, Frau Berger, sehr nett von Ihnen.

Julian: Auch von mir ein Hallo an euch beide. Ich habe mir das so vorgestellt, dass ich euch erst einmal unser Unternehmen zeige. Wir werden also durch alle Abteilungen laufen. Ihr könnt dort genau sehen, was die einzelnen Mitarbeiter machen, und ihnen natürlich auch Fragen stellen.

Luca: Super, genau das machen wir.

Julian: Und anschließend gehen wir dann in den Konferenzraum. Da könnt ihr mir bei etwas behilflich sein, und ich kann sehen, ob ihr alles verstanden habt.

Lena: Gut. Und bei was sollen wir dir helfen?

Julian: Unsere Geschäftsleitung möchte in nächster Zeit einen Tag der offenen Tür durchführen. Und da hat Frau Lorz mich damit beauftragt, eine kleine Ausstellung vorzubereiten, so mit Firmengeschichte, Aufbau und Aufgaben unseres Unternehmens, Leistungsangebot usw. Die Plakat-Ausstellung soll durch Flyer, Bilder usw. ergänzt werden.

Lena: Kein Ding, was Plakat-Gestaltung betrifft, sind wir schon Profis. Aber eine Frage habe ich jetzt schon: Meine Schwester arbeitet bei einem Lebensmittel-Großhandel. Und die macht wie du eine Ausbildung zur Kauffrau für Büromanagement. Aber ihr seid doch ein Produktionsbetrieb und die sind ein Handelsbetrieb. Wie geht das denn?

Julian: Das macht gar nichts. Denn alle Betriebe haben eigentlich die gleichen Hauptaufgaben. Aber das wirst du spätestens heute Nachmittag wissen.

1. Macht euch mit der Situation vertraut, indem ihr euch zunächst orientiert: Betrachtet hierzu die erhaltenen Unterlagen und stellt sicher, dass euch klar ist, was eure Aufgabe ist. Bewertet die erhaltenen Informationen zur Darstellung des Betriebes. Erschließt das Leistungsangebot des Betriebes und die eingesetzten betriebswirtschaftlichen Produktionsfaktoren. Informiert euch über organisatorische Sachverhalte wie Aufbau des Betriebes und die damit verbundenen wesentlichen Aufgaben und fasst alle Informationen übersichtlich zusammen (z. B. in Mindmaps und Ähnliches). **(Orientierung und Information)**
   (TIPP: Bildet thementeilige Arbeitsgruppen und lest die folgenden Informationen im Buch.)
2. Plant euer weiteres Vorgehen, indem ihr euch Gedanken macht, was in dieser konkreten Situation zu tun ist, und notiert sie. **(Planung)**
3. Erstellt unter anderem einen Firmenporträtbogen (wie im Punkt 1.2.1 abgebildet) und ergänzt die fehlenden Informationen. Wählt für die Darstellung eurer Ergebnisse geeignete Präsentationsformen aus und beachtet die entsprechenden Präsentationsregeln). Präsentiert den Betrieb am Tag der offenen Tür. **(Durchführung)**
4. Bewertet die Präsentation mithilfe eines Kriterienkataloges für Präsentationen. Ebenfalls nehmt ihr Kritikpunkte zur Vollständigkeit und inhaltlichen Richtigkeit eurer Darstellung auf, ergänzt diese und korrigiert ggf. Fehler. Gebt Lena auf ihre Frage eine Antwort und diskutiert die Antworten im Plenum. **(Bewertung)**
5. Reflektiert über eure Präsentation, indem ihr konstruktives Feedback der Mitschüler annehmt und Schlüsse für zukünftige Präsentationen zieht. **(Reflexion)**

1.2.1 Firmengeschichte der Berger & Thaler Sportswear OHG

Die Berger & Thaler Sportswear OHG – Daten und Fakten
Berger & Thaler Sportswear OHG – seit **2006** ein Name für Qualität und preiswerte Sportmode.

Renate Berger und Helmut Thaler, die beiden haftenden Gesellschafter, führen die erfolgreich agierende Berger & Thaler Sportswear OHG seit knapp einem Jahrzehnt. Der Großvater von Renate Berger, Hans Berger, gründete 1948 das Unternehmen in seinem Geburtsort Schweinfurt. Damals stellte er mit fünf Mitarbeiterinnen Unterwäsche her. In einem kleinen Laden wurde die Wäsche neben anderen Textilien, wie z. B. Vorhänge, verkauft.

Sein Sohn, Renates Vater Fritz, übernahm im Jahr 1958 das Geschäft. Er erstellte erste Kollektionen für Unterwäsche – damals ein stark nachgefragter Artikel – und begann darüber hinaus, sich im Vertrieb breiter aufzustellen. Die ersten zwei Vertreter für Bayern und Baden-Württemberg wurden mit ins Boot geholt. Um mit seinen Produkten auch öffentlichkeitswirksam zu werden, gründete er 1964 die Fritz Berger Mode e. K. und stellte sein Sortiment auf Sportbekleidung um. In den folgenden Jahren stieg die Nachfrage nach Produkten der Fritz Berger Mode e. K. so stark an, dass das Unternehmen bis Anfang der 90er-Jahre bereits 150 Mitarbeiter hatte. Fritz Berger begann, eine eigene Kollektion zu erstellen, und bot sie auf zahlreichen Messen an. Die Kollektion umfasste Hosen, T-Shirts, Trainings- und Freizeitanzüge – **eine Kombikollektion.**

Im Jahr 2000 wurde das Unternehmen an die dritte Generation weitergegeben. **Renate Berger,** Tochter von Fritz Berger, begann nach ihrer Schulzeit im Betrieb ihres Vaters eine Ausbildung zur Industriekauffrau. Mit dieser Ausbildung verschaffte sie sich eine solide Grundlage für ihre weitere Zukunft und eignete sich so von der Pike auf die für die Textilindustrie erforderlichen Kenntnisse und Erfahrungen an. Im Anschluss arbeitete sie zuerst noch einige Jahre in einem Textilunternehmen in Baden-Württemberg als Abteilungsleiterin Einkauf, bevor sie im Jahr 2000 in die Geschäftsführung der Fritz Berger Mode e. K. einstieg.

Sie entschloss sich, den Marktauftritt neu zu gestalten. Ein neues, zeitgemäßes Logo wurde entwickelt, um die Aktualität der Kollektion zu unterstreichen. Für die Erweiterung des Unternehmens benötigte Renate Berger zusätzliches Kapital. Sie entschloss sich, als weiteren Geschäftsführer **Helmut Thaler** als Gesellschafter aufzunehmen. Helmut Thaler und Renate Berger lernten sich in der Berufsschule kennen, arbeiteten oft in gemeinsamen Teams und wurden gute Freunde. Helmut Thaler spezialisierte sich nach seiner Ausbildung im Großhandel auf den Verkauf und das Marketing. Für verschiedene Firmen war Helmut Thaler erfolgreich im Marketing tätig, bevor er 2002 den Vertrieb bei der Fritz Berger Mode e. K. übernahm. Es gelang ihm, das Unternehmen im Sport- und Freizeitbereich am Markt zu etablieren und anschließend die Marktposition des Unternehmens erheblich auszubauen. Der Kundenkreis des Unternehmens erstreckte sich nun über Gesamt-Deutschland.

2006 bot Renate Berger Helmut Thaler die Teilhaberschaft an. Gemeinsam gründeten Renate Berger und Helmut Thaler die Berger & Thaler Sportswear OHG, die seit dem 2. Mai 2006 im Handelsregister aufgeführt ist. Zur Gründung der Berger & Thaler Sportswear OHG brachte Renate Berger das Einzelunternehmen in die Gesellschaft ein. Helmut Thaler leistete hierfür einen finanziellen Beitrag in Höhe von 50 000,00 €.

Seit dieser Zeit konzentrierten sich die Gesellschafter auf die Verbesserung der Ertragssituation sowie die Gewinnung von neuen Kunden gerade im benachbarten Ausland (Schwerpunkt Österreich, Schweiz und Italien).

Aufgrund der positiven Geschäftsentwicklung hat die Zahl der Mitarbeiter stetig zugenommen. Zurzeit sind 250 Mitarbeiter bei der Berger & Thaler Sportswear OHG beschäftigt. Bisher wurde auf eine Vergrößerung des Unternehmens wegen der enormen Kosten verzichtet. Aber aufgrund der guten Zukunftsaussichten überlegen die Gesellschafter nun zu expandieren. Mögliche künftige Standorte sind Rosenheim oder Erfurt.

Firmenporträtbogen

Die Berger & Thaler Sportswear OHG stellt sich vor	
Gesellschafter	...
Standort	...
Produkte	...
Verkaufsgebiet	...
Kundenzielgruppe	...
Zahl der Mitarbeiter	...

1.2.2 Der einfache Wirtschaftskreislauf

Wirtschaftliche Zusammenhänge sind in der Wirklichkeit ein sehr kompliziertes Gebilde. Um aber die Grundprinzipien zu verstehen, bedient man sich eines einfachen Modells, das die Grundlage für alles wirtschaftliche Handeln ist.

Dieser einfache Wirtschaftskreislauf besteht nur aus zwei Teilnehmern, dem privaten Haushalt und den Unternehmen. Einflüsse des Staates, von Kreditinstituten und des Auslands bleiben unberücksichtigt; sie ändern die Grundzusammenhänge nur unwesentlich.

Die Unternehmen sind vor allem Produzenten von Gütern und Dienstleistungen. Diese bieten sie auf den Märkten an, wo sie von den privaten Haushalten nachgefragt werden. Daneben fragen aber Unternehmen auch bei anderen Unternehmen des vorgelagerten oder des gleichgelagerten Wirtschaftssektors Güter und Dienstleistungen nach. So produziert die Berger & Thaler Sportswear OHG Trikots, die von den privaten Haushalten nachgefragt werden. Selbst fragt das Unternehmen aber z. B. Garne nach.

Diesen Güterströmen stehen immer entsprechende Geldströme gegenüber, denn die nachgefragten Trikots müssen natürlich in Form der Marktpreise bezahlt werden.

Um aber die benötigten Mittel zur Bezahlung der Marktpreise zu haben, bieten die privaten Haushalte ihre Arbeitskraft an. Und die Unternehmen fragen natürlich diese Arbeitskraft nach, sie benötigen schließlich Mitarbeiter, die ihre Güter und Dienstleistungen produzieren.

Diesem Güterstrom steht wiederum der Geldstrom „Entlohnung der Arbeitskraft" gegenüber.

Folgendes Schaubild verdeutlicht nochmals die Zusammenhänge:

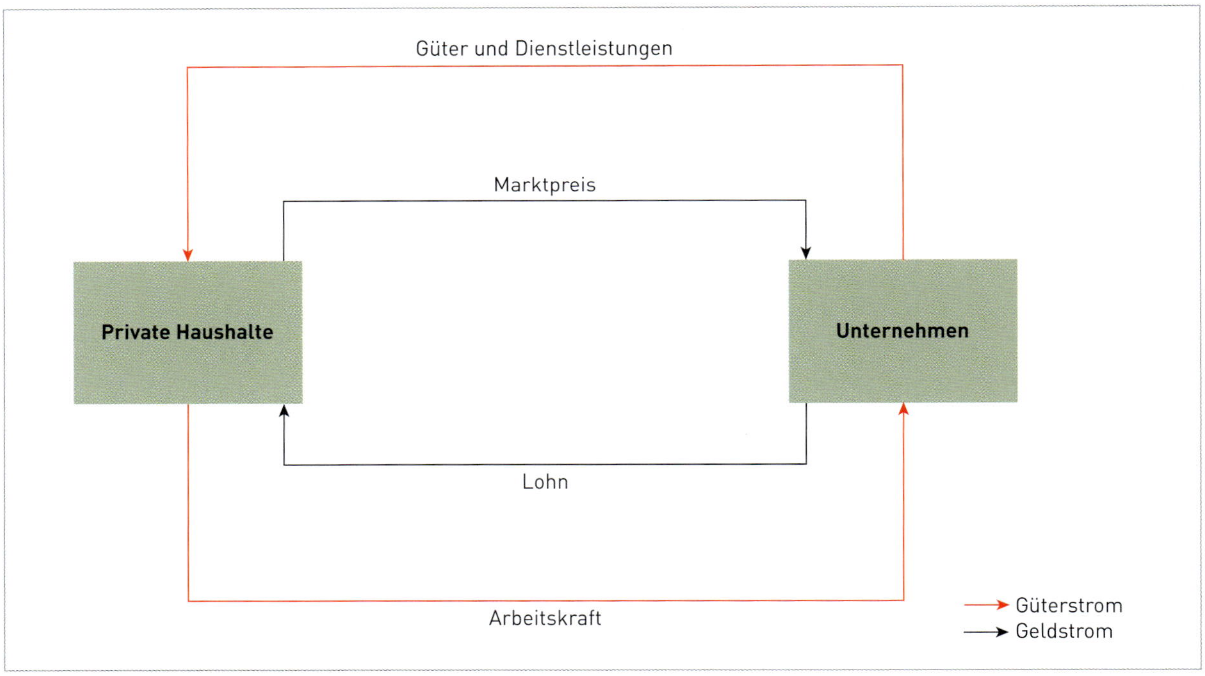

1.2.3 Leistungsangebot eines Betriebes

Aus der Sicht der Gesellschaft ist der Hauptzweck eines Betriebes, Güter anzubieten. Alle Mittel, die geeignet sind, Bedürfnisse zu befriedigen, werden als Güter bezeichnet. Wirtschaftliche Güter stiften einen Nutzen und können nach ihrer Beschaffenheit und ihrer Verwendung eingeteilt werden.

Güter nach ihrer Beschaffenheit

Materielle Güter

Sachgüter, also körperliche Gegenstände, deren Herstellung und Nutzung meist zeitlich auseinanderfallen; z. B. Bekleidung, Fahrrad, Handy.

Immaterielle Güter

Dienstleistungen, hier fallen Herstellung und Nutzung meist zeitlich zusammen. Sie können personenbezogen (Beratung durch einen Rechtsanwalt, Haareschneiden beim Friseur) und sachbezogen sein (Transport durch eine Spedition, Buchung von Belegen, Reparatur eines Autos).

Rechte beziehen sich auf die Nutzung und Verwertung fremden geistigen und körperlichen Eigentums; z. B. Nutzung einer Erfindung, Miete einer Wohnung, Zugang zu einer Webseite.

Güter nach ihrer Verwendung

Konsumgüter

Sie dienen der privaten Verwendung und der unmittelbaren Bedürfnisbefriedigung; z. B. privater Pkw, privates Essen, Heizöl zu Hause.

Produktionsgüter

Sie dienen der gewerblichen Verwendung, also der Herstellung anderer Güter; z. B. Geschäftswagen, Essen in der Kantine, Heizöl im Betrieb.

Verbrauchsgüter

Sie gehen bei ihrer Verwendung unter oder werden in andere Güter umgewandelt; z. B. Nahrungsmittel, Garne, Betriebsstoffe.

Gebrauchsgüter

Sie sind über längere Zeit verwendbar; z. B. Auto, Gebäude, Maschine, Bekleidung.

Leistungsangebot der Berger & Thaler Sportswear OHG

- **Trikots,** ob Einzelsportart (Walking, Fitness, Leichtathletik) oder Mannschaftssport (Fußball, Handball, Basketball), individuell nach dem Wunsch des Kunden
- **Trainings- und Freizeitanzüge,** ob für den Wettkampf oder zur Präsentation, ob sportlich oder im lässigen Schlabberlook
- **komplette Teamlinien,** von der Sporthose und dem Trikot über den Trainings- bis zum Präsentationsanzug, alles in einem Design
- **Sportzubehör** (Taschen, Schuhe etc.) und **Fanartikel**

1.2.4 Die betrieblichen Grundfunktionen

Zur Herstellung der Güter werden Produktionsfaktoren eingesetzt. Wir unterscheiden hierbei folgende Produktionsfaktoren:

Betriebswirtschaftliche Produktionsfaktoren	
Dispositiver Faktor	Der dispositive Faktor wird von den Führungskräften des Betriebes verkörpert und sorgt für den wirtschaftlichen Einsatz der Elementarfaktoren Arbeit, Betriebsmittel und Werkstoffe. Hierzu zählen die **Leitung, Planung, Organisation und Kontrolle.** Die Leitung entscheidet über den Einsatz der Mittel und gibt Anweisungen. Planung ist die geistige Vorwegnahme zukünftigen Handelns (z. B. Absatz-, Personalplan). Die Organisation gliedert den Betrieb und stellt Regeln zur reibungslosen Abwicklung aller Tätigkeiten auf. Die Kontrolle sorgt dafür, dass die Pläne eingehalten und ggf. an neue Situationen angepasst werden.
Elementarfaktoren	Hierzu zählen - **Arbeit und Betriebsmittel** (Gebäude, Maschinen, Werkzeuge, Lager- und Büroausstattung). Sie stehen dem Betrieb über längere Zeit zur Verfügung und verbleiben auch nach der Leistungserstellung im Betrieb. - **Werkstoffe** Sie werden bei der Leistungserstellung meist verbraucht und müssen deshalb in kürzeren Abständen wiederbeschafft werden. Überblick über die Werkstoffe: – **Rohstoffe** sind Hauptbestandteile des Produkts, z. B. Alu-Rahmen eines Fahrrads, Holz für Möbel, Stahlblech für Autos, Papier für Bücher, Baumwolle für Bekleidung. – **Fremdbauteile** sind fertig bezogene Einbauteile des Produkts, z. B. Gangschaltung eines Fahrrads, Reifen für Autos, Druckfarbe für Bücher, Knöpfe für Bekleidung. – **Hilfsstoffe** sind Nebenbestandteile des Produkts, z. B. Schrauben im Fahrrad, Leim für Möbel, Nieten für Autos, Garn für Bekleidung. – **Betriebsstoffe** gehen nicht ins Produkt ein, sondern dienen der Aufrechterhaltung des Produktionsprozesses und der Energieerzeugung, z. B. Treibstoff bzw. Strom für Maschinen, Sauerstoff beim Schweißen, Schmierstoffe für Maschinen.

Im Gegensatz zu den Werkstoffen gehen **Handelswaren** nicht ins Produkt ein. Sie werden wie Fremdbauteile von fremden Unternehmen bezogen, aber ohne weitere Veränderung weiterverkauft. Handelswaren ergänzen z. B. das Sortiment eines Fahrradherstellers (Fahrradhelm, Reparaturset). Handelsbetriebe haben nur Handelswaren in ihrem Leistungsangebot. Zur Herstellung der betrieblichen Sach- und Dienstleistungen werden die betriebswirtschaftlichen Produktionsfaktoren miteinander kombiniert. Jeder Betrieb regelt seine Kombination selbst, aber die vielen verschiedenen Kombinationsmöglichkeiten aller Arten von Betrieben weisen gewisse Ähnlichkeiten auf und spiegeln verschiedene grundsätzliche Aufgaben (Grundfunktionen) wider. Wenn nun ein Betrieb seine Ziele erfolgreich erreichen will, muss er diese Aufgaben erfüllen.

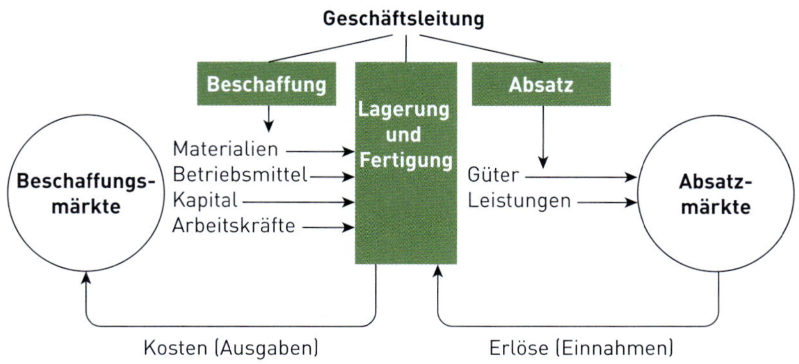

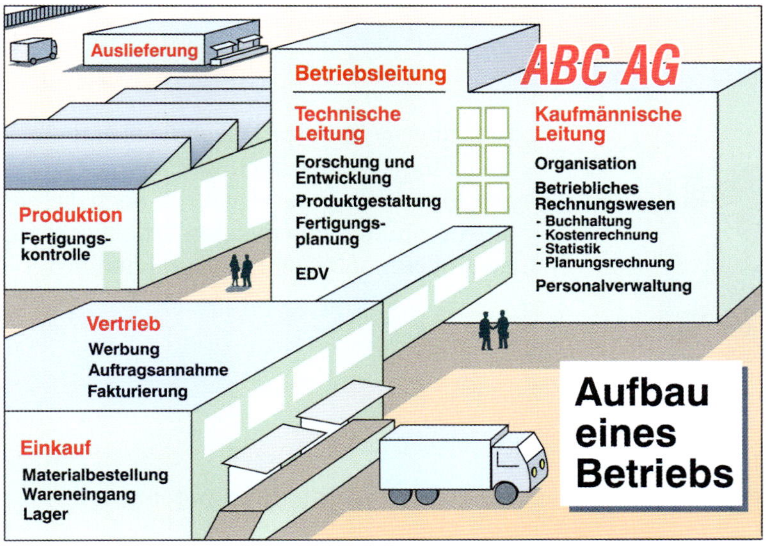

Im Mittelpunkt steht der dispositive Faktor, die **Geschäftsleitung**. Seine Hauptaufgabe ist die Planung, Organisation, Entscheidung und Kontrolle. Zur Unterstützung dient ihm die allgemeine Verwaltung (Personal, Rechnungswesen, Finanzen).

Die Geschäftsleitung verbindet die anderen betrieblichen Grundfunktionen miteinander:

- die **Beschaffung** (den Einkauf),
- die **Leistungserstellung** (die Produktion) und
- den **Absatz** (den Verkauf).

Bei der Beschaffungsfunktion geht es um die Beschaffung von Arbeitskräften, von Betriebsmitteln und von Werkstoffen. Die Absatzfunktion hat die Aufgabe, die vom Unternehmen angebotenen Leistungen und Güter auf den Absatzmärkten zu vertreiben.

Zwischen Beschaffung und Absatz liegt die Leistungserstellung. Die Leistungserstellung besteht in **Industriebetrieben** in der Herstellung (Produktion) von Gütern. **Handelsbetriebe** stellen selbst keine Güter her. Ihre Hauptleistung ist die Lagerung (Bereitstellung) fertiger Güter für ihre Kunden. **Dienstleistungsbetriebe** halten keine Güter bereit, sondern Arbeitskräfte, die die Kundenwünsche erfüllen. Die Leistungserstellung kann mithilfe verschiedener Fertigungsverfahren vollzogen werden, wobei unter Fertigungsverfahren die Vorgehensweise zu verstehen ist, wie ein Produkt hergestellt wird:

Beteiligung menschlicher Arbeit
(d. h., wie hoch ist der Anteil menschlicher Arbeit an der Leistungserstellung)

Manuelle Fertigung 	Die manuelle Fertigung zeichnet sich durch den vorwiegenden Einsatz von Handarbeit aus. Gerade im Handwerk werden die erforderlichen Tätigkeiten von Menschen durchgeführt, die eine entsprechende Berufsausbildung haben. Sie verwenden zwar Maschinen (Bohrmaschine, Schleifmaschine, Nähmaschine etc.), aber die manuelle Bearbeitung steht im Vordergrund.
Automation 	Hier übernimmt eine Maschine (Computer, Roboter) die Bedienung, Steuerung und Überwachung der Produktion. Der Mitarbeiter überwacht nur noch die Funktionsfähigkeit des Computers, die meisten Arbeitsschritte werden durch die Roboter selbstständig durchgeführt.

Fertigungsorganisation
(d. h., wie sind die Betriebsmittel bei der Leistungserstellung angeordnet)

Werkstattfertigung	Bei der Werkstattfertigung werden die Maschinen und Arbeitsplätze mit gleichartigen Arbeitsverrichtungen zu einer Einheit, zu einer Werkstatt, zusammengefasst (z. B. Dreh-, Fräs-, Schleif-, Montagewerkstatt). Die Durchführung dieser gleichartigen Arbeitsschritte erfolgt also an diesem Ort, eine Weiterverarbeitung wird an einem anderen Ort ausgeführt. Das zu bearbeitende Material muss von einer Werkstatt zur anderen transportiert werden.
Gruppenfertigung	Die Gruppenfertigung ist eine Kombination der Werkstatt- und Fließfertigung. Die gesamte Produktion wird in fertigungstechnische Einheiten aufgeteilt, die eine Funktionsgruppe bilden. Innerhalb der Funktionsgruppen wird das Fließprinzip angewandt.
Fließfertigung	Bei der Fließfertigung entspricht die Anordnung der Maschinen und Arbeitsplätze der zeitlichen Reihenfolge der am Produkt durchzuführenden Tätigkeiten. Voraussetzung für die Anwendung des Fließprinzips ist eine Massen- oder Großserienfertigung, damit für eine längere Zeit ohne große Abänderung produziert werden kann.

Fertigungstyp
(d. h., wie viele gleiche Produkte entstehen bei der Leistungserstellung)

Einzelfertigung

In der Regel wird bei Einzelfertigung von einem Produkt nur eine Einheit erstellt, auch wenn das Produkt zu einem späteren Zeitpunkt gleich oder ähnlich noch einmal hergestellt werden kann. Beispiel: Spezialmaschinen, individuelle Möbelstücke, Schiff etc.

Serienfertigung

Die Serienfertigung liegt zwischen den beiden Extremen Einzel- und Massenfertigung, es werden mehrere gleichartige Produkte hergestellt. Nach der Anzahl der produzierten Einheiten spricht man von Klein- und Großserienfertigung. Im Unterschied zur Massenfertigung ist die Anzahl der produzierten Einheiten begrenzt.

Massenfertigung

Bei der Massenfertigung werden während einer längeren Zeit Einheiten von einem einzigen Produkt (einfache Massenfertigung) oder von mehreren Produkten (mehrfache Massenfertigung) in sehr großer Zahl hergestellt.

1.3 Lernsituation 3: Wir finden einen geeigneten Standort

Nachdem Julian, Auszubildender zum Kaufmann für Büromanagement bei der Berger & Thaler Sportswear OHG, den beiden Schülern das Unternehmen gezeigt und sich von ihnen verabschiedet hat, macht er sich wieder an seine eigentliche Arbeit. Zurzeit ist er in der Abteilung „Geschäftsführung" eingesetzt und unterstützt dort die Inhaberin Frau Berger.

Auf seinem Schreibtisch findet er folgende Unterlagen:

Neue Niederlassung

Senden | Mail-Format | Anhang | Speichern

An: renate.berger@bts.de

CC hinzufügen BBC hinzufügen

Betreff: Neue Niederlassung

Hohe Priorität | Lesebestätigung

Hallo Renate,

viele Grüße von meiner Geschäftsreise aus Innsbruck. Ich habe bereits einige neue und sehr interessante Kontakte in Österreich geknüpft.

Ich weiß, dass dein Terminplan wegen des anstehenden Tags der offenen Tür sehr eng ist. Aber vielleicht findest du ja ein paar Minuten Zeit, dir Gedanken wegen unseres geplanten Zweigwerkes in Erfurt oder Rosenheim zu machen.

Ich habe ja schon einen Favoriten, aber ich will dich nicht bei deiner Entscheidung beeinflussen.

Übermorgen bin ich ja wieder in Schweinfurt. Wir sollten uns dann auf jeden Fall einmal zusammensetzen und Details besprechen.

Viele Grüße aus Innsbruck

Helmuth Thaler

Berger & Thaler Sportswear OHG

Hausmitteilung

Absender: Frau Renate Berger
Empfänger: Julian, Auszubildender

mit der Bitte um
- [x] **Erledigung**
- [ ] **Stellungnahme**
- [ ] **Information**

Betreff: Standort für unser neues Zweigwerk

Hallo Julian,

lies dir mal die E-Mail von meinem Geschäftspartner Helmut Thaler durch.

Du weißt ja, dass wir unser Unternehmen demnächst vergrößern wollen. Als mögliche Standorte haben wir Erfurt und Rosenheim etwas näher ins Auge gefasst.

Informierte dich über die Thematik und erstelle mir bitte bis morgen eine Pro- und Kontra-Liste.

Mit freundlichen Grüßen

Renate Berger

Renate Berger

1. Macht euch mit der Situation vertraut, indem ihr euch zunächst orientiert: Betrachtet hierzu die erhaltenen Unterlagen und stellt sicher, dass ihr wisst, was eure Aufgabe ist. Bewertet die erhaltenen Informationen zum betrieblichen Standort. Informiert euch auch im Internet über die beiden geplanten Standorte der Berger & Thaler Sportswear OHG. **(Orientierung und Information)**
   (TIPP: Bildet thementeilige Arbeitsgruppen zum Standort Rosenheim und zum Standort Erfurt.)
2. Plant euer weiteres Vorgehen, indem ihr euch Gedanken macht, was in dieser konkreten Situation zu tun ist, und notiert diese stichwortartig. **(Planung)**
3. Erstellt eine Pro-und-Kontra-Liste zu den geplanten Standorten. **(Durchführung)**
4. Präsentiert eure Ergebnisse und nehmt zu den Ergebnissen der weiteren Gruppen Stellung. Einigt euch auf **eine** Pro-und-Kontra-Liste. **(Bewertung)**
5. Reflektiert über euer gemeinsames Arbeitsergebnis, indem ihr den Bewertungsbogen „Zielscheibe" ausfüllt. **(Reflexion)**
6. Bearbeitet die Übungs- und Vertiefungsaufgabe. **(Vertiefung)**

1.3.1 Der betriebliche Standort

Wirtschaftsstandort Rosenheim[2]

Die kreisfreie Stadt Rosenheim liegt im Regierungsbezirk Oberbayern im Alpenvorland. Mit beinahe 60 000 Einwohnern ist Rosenheim nach München und Ingolstadt die drittgrößte Stadt in Oberbayern und eines von 23 bayerischen Oberzentren. Der Wirtschaftsraum Rosenheim liegt im Dreieck zwischen München – Salzburg – Innsbruck und ist durch eine Fülle positiver Standortfaktoren gekennzeichnet.

Hierzu zählen insbesondere die verkehrliche Infrastruktur mit Anbindung an europäische Hauptverkehrsachsen über Straße und Schiene, ein breites Angebot an Gewerbeflächen, eine flächendeckende Versorgung mit Glasfaseranbindungen in nahezu unbegrenzter Bandbreite durch das Vorhandensein vieler Forschungs- und Bildungseinrichtungen, eine Hochschule, ein reichhaltiges und hoch qualifiziertes Kulturangebot, die Nähe zu München und Salzburg und nicht zuletzt eine beneidenswert schöne Landschaft mit sehr hohem Freizeitwert.

Dank der soliden mittelständischen Struktur und seines krisensicheren Branchenmixes präsentiert der Arbeitsmarkt in Rosenheim ein weitaus positiveres Bild als vergleichbare Städte. Grundlage der gesunden Wirtschaftsstruktur sind auf der einen Seite international tätige Unternehmen und auf der anderen Seite gesunde regionale Unternehmen in den Bereichen Dienstleistungen, Handwerk, produzierendes Gewerbe usw.

Neben Pflege, Ausbau und steter Verbesserung der vorhandenen Wirtschaftsstruktur stellt allein schon die günstige Lage des Wirtschaftsraumes Rosenheim einen entscheidenden Faktor für seine weitere positive Entwicklung als Wirtschaftsstandort dar.

Wirtschaftsstandort Erfurt[3]

Erfurt mit seinen ca. 200 000 Einwohnern ist die Metropole im Freistaat Thüringen. Der Thüringer Landtag, die Landesregierung und das Bundesarbeitsgericht haben hier ihren Sitz und heben den Zentrumscharakter in besonderer Weise hervor.

Von der Lage in der geografischen Mitte Deutschlands und des geeinten Europas sowie den infrastrukturellen Vorzügen profitiert die Stadt auch zu Beginn des dritten Jahrtausends. Große europäische Wege aller modernen Verkehrsträger in Ost-West- und Nord-Süd-Richtung treffen hier aufeinander.

Den Wirtschaftsstandort kennzeichnet ein ausgewogener Mix von produzierendem Gewerbe, Dienstleistungen sowie Einzelhandel. Die Schwerpunktkompetenzen Mikrosystemtechnik und Photovoltaik, Maschinen- und Anlagenbau, Logistik, Gartenbau und Nahrungsgüterindustrie sowie (Kinder-)Medien und Kreativwirtschaft prägen sein Profil. Ausgerichtet an den unterschiedlichen Anforderungen werden am Standort notwendige Dienstleistungen auf höchstem Niveau angeboten. Universitäten, Fachhochschulen und indus-

2 vgl. hierzu www.rosenheim.de
3 vgl. hierzu www.erfurt.de

trienahe Wissenschafts- und Forschungseinrichtungen im Technologiedreieck Erfurt – Jena – Ilmenau kooperieren eng mit den Unternehmen. Auf dieser Basis werden Innovation und Wachstum zukunftsfähig gesichert. Vom Kinderkanal, gegründet durch ARD und ZDF, und dem Kindermedienzentrum gehen für die Medienbranche innovative Impulse aus. Ergänzend zu Produktionen für Kinder erstellen zahlreiche Firmen in Erfurt und Umgebung Beiträge für verschiedene Zielgruppen und Programmanbieter. Eines der modernsten Messezentren Europas, zahlreiche Finanzinstitute sowie Einrichtungen des Beherbergungs- und Freizeitgewerbes runden das Serviceangebot am Wirtschaftsstandort Erfurt ab. Die vielfältige Kultur-, Handels- und Gastronomiestruktur zieht insbesondere in der Innenstadt Besucher und Einwohner an und wird ergänzt durch die wald- und seenreiche Umgebung der thüringischen Großstadt.

1.3.2 Standortfaktoren

Standort ist derjenige Ort, an dem sich ein Unternehmen zur Erledigung seiner betrieblichen Grundfunktionen (Beschaffung, Produktion, Absatz und Verwaltung) niederlässt. Dies kann an einem Ort geschehen, aber natürlich gibt es auch Unternehmen, die mehrere Standorte haben.

Die Wahl des richtigen Standortes ist gerade bei Unternehmensgründungen eine ganz zentrale Frage, weil sie für einen in der Regel sehr langen Zeitraum getroffen wird. Der Unternehmer wird also diese Wahl von mehreren Gesichtspunkten (sogenannten Standortfaktoren) abhängig machen. Allerdings ist häufig zu beobachten, dass ein Unternehmer seinen Firmensitz in der Nähe oder direkt in seinem eigenen Wohnort gründet.

Die Standortfaktoren spielen also vor allem dann eine Rolle, wenn sich ein Unternehmen vergrößern will und einen neuen Standort sucht.

Die wesentlichen Faktoren bei der Wahl des Standortes sind:

Standortfaktoren	
Fläche	– Steht ausreichend Fläche zur Verfügung? – Kann unter Umständen noch erweitert werden? – Wie sind die Preise für das Bauland? – Befindet sich das Bauland in einem Industrie-, Gewerbe- oder einem Wohngebiet? – ...

Nachfrage	– Erreicht man in der Region die gewünschten Käufer?
	– Gibt es Wettbewerber in unmittelbarer Umgebung?
	– **Speziell für Handelsbetriebe:**
	  – Wie wichtig ist unmittelbare Kundennähe, d. h.: Innenstadt oder außerhalb einer Stadt?
	  – Wie hoch sind die Mietpreise?
	  – Gibt es ausreichend Parkmöglichkeiten für die Kunden?
	  – Wie ist die Anbindung an öffentliche Verkehrsmittel?
	  – ...

Mitarbeiter	– Bietet die Region qualifizierte und motivierte Arbeitskräfte? – Sind Hochschulen und Universitäten in der Nähe? – Wie ist das Freizeitangebot in der Region? (falls Arbeitskräfte von außerhalb geholt werden müssen) – ...

Standortfaktoren	
Infrastruktur	– Sind die Verkehrswege für die Anlieferung der Werkstoffe und Waren und den Versand der Produkte geeignet? – Sind Bahnhöfe und Flughäfen in der Region? – Entspricht das Kommunikationsnetz (z. B. Internet) den Anforderungen? – ...
Zulieferer	– Gibt es Zulieferunternehmen in der Region? – ...
Rohstoffe	– Gerade für Unternehmen, die sehr große Mengen an Rohstoffen benötigen: Wie sind die Entfernungen zu den Vorkommen? – ...
Umwelt	– Müssen Umweltauflagen eingehalten werden? – Wie kann die Entsorgung bei Problemabfällen organisiert werden? – ...
Staatliche Hilfe	– Erhält das Unternehmen einen finanziellen Anreiz zur Errichtung eines Betriebes in der Region? – Muss das Unternehmen weniger Steuern bezahlen? – ...

Nicht immer können Unternehmen ihren Standort frei entscheiden. Gerade Unternehmen in der Urproduktion sind an einen bestimmten Standort gebunden (Mühle am Wasser, Kohle- und Erzbergbau, Erdölförderung, Forst- und Landwirtschaft).

Die Unternehmen des sekundären und tertiären Sektors (Industrie, Handwerk, Handel und Dienstleistung) dagegen werden bei der Wahl des richtigen Standortes immer wieder mehrere der oben genannten Standortfaktoren zurate ziehen. Jedes Unternehmen wird anschließend für sich individuell die einzelnen Standortfaktoren gewichten und so eine Standortanalyse durchführen.

Dies soll im Folgenden beispielhaft dargestellt werden:
Ein Einzelhandelsunternehmen der Textilbranche muss sich zwischen einem Gebäude in der Innenstadt (Standort A) und einem Gebäude in einem Gewerbegebiet ca. 5 km außerhalb der Stadt (Standort B) entscheiden.

Standortfaktor	**Gewichtung**	**Standort A**		**Standort B**	
		Bewertung	Punkte	Bewertung	Punkte
Laufkundschaft	10	5	50	0	0
Parkplätze	5	1	5	5	25
Fachkräfte	3	4	12	4	12
Verkehrswege	10	3	30	5	50
Gesamt			97		87

Gewichtung: 10 = unverzichtbar, 5 = sehr wichtig, 3 = wichtig, 1 = weniger wichtig
Bewertung: 5 = sehr gut, 4 = gut, 3 = mittel, 1 = schlecht, 0 = sehr schlecht
Punkte: Gewichtung × Bewertung

In diesem Beispiel wird sich das Unternehmen für den Standort A, die Innenstadtlage, entscheiden. Die Standortwahl ist also immer eine Kompromisslösung. Den „optimalen Standort" gibt es nicht.

info@klv-verlag.de

Aufgaben zu Lernbereich 1

Aufgabe 1

In den folgenden Fällen suchen verschiedene Unternehmer den geeigneten Standort für ihren Betrieb. Entscheide dich für einen Standort und **begründe** deine Standortwahl mithilfe von mindestens zwei geeigneten Standortfaktoren.

Standortwahl 1

Paula Lustig sucht einen Standort für ein Feinkostgeschäft für italienische Spezialitäten.

Standortwahl 2

Tom und Alex suchen einen Standort für einen Betrieb, in dem aus Wasserkraft Strom gewonnen wird.

Standortwahl 3

Der Transportunternehmer Blitzschnell hat 5 Lkw. Er erhält Waren von Lieferanten aus ganz Deutschland und verteilt diese an seine Münchner Kunden. Nun sucht er einen geeigneten Standort für sein Lager.

Standortwahl 4

Karl Klever möchte Wein anbauen und verkaufen. Er sucht einen geeigneten Standort.

Aufgabe 2

Schorsch Stangerl ist leidenschaftlicher Bergsteiger und Skifahrer. Schon lange wünscht er sich ein eigenes Geschäft, in dem er Ausrüstungen für Skifahrer und Bergsteiger verkaufen will. Für dieses Vorhaben stehen ihm zwei Standorte zur Verfügung:

Standort 1	Standort 2
Dieser Standort hat ca. 20 000 Einwohner und ist 15 km von München entfernt. Im Ort gibt es bereits zwei Sportgeschäfte, die auch Ski- und Bergsteigerausrüstung verkaufen. Die Bevölkerungszahl ist durch die hervorragende Verkehrsanbindung (S-Bahn, Autobahn) zu München ständig gestiegen. Das Geschäft liegt direkt in der Innenstadt, ein öffentlicher Parkplatz ist nur ca. 200 m entfernt. Er muss für das Geschäft monatlich 2 000,00 € Pacht bezahlen.	Dieser Standort hat ca. 1 000 Einwohner und liegt 55 km südlich von München. Im Ort gibt es noch kein Sportgeschäft. Die Bevölkerungszahl ist in den letzten Jahren leicht rückläufig, da gerade die jungen Menschen in der näheren Umgebung zu München bessere Ausbildungs- und Arbeitsmöglichkeiten haben. Das Geschäft liegt in der Ortsmitte, direkt davor sind Parkmöglichkeiten vorhanden. Er muss für das Geschäft monatlich 800,00 € Pacht bezahlen.

a) Überlegt in eurer Gruppe, welche Standortfaktoren in den Texten genannt werden. Überlegt auch, für welche Betriebe diese Standortfaktoren besonders wichtig sind.

b) Entscheidet euch dann für einen der beiden Standorte und begründet eure Wahl.

Stanort B is besser weil es keine konkurez gibt und die Miete auch weniger is.

1.4 Lernsituation 4: Wir führen eine Betriebserkundung durch

Mittwoch, 4. Stunde: BSK steht auf dem Programm. Herr Weiß eröffnet die Stunde, indem er eine Folie auf den Overheadprojektor legt.

Mühle Münch AG
Darmstadt

Mühle Münch AG • Im Grund 22 • 60502 Darmstadt

Wirtschaftsschule XYZ
Herrn Weiß
Wirsingstraße 7
97424 Schweinfurt

Kunden-Nr.	–
Unser Zeichen:	MM
Ihr Zeichen:	fr/mü
Angebot Nr.:	–
Datum:	07.04.20XX

Betriebserkundung

Sehr geehrter Herr Weiß,

vielen Dank für das Interesse an unserem Unternehmen. Gerne laden wir Sie mit Ihrer Klasse zu einer Betriebserkundung am Montag, dem 14. April d. J., in der Zeit von 08:30 Uhr bis ca. 15:00 Uhr in unsere Mühle ein.

Den genauen Ablauf entnehmen Sie bitte dem beigefügten Programm.

Mit freundlichen Grüßen

Mühle Münch AG

ppa. Manfred Münch

Manfred Münch

Herr Weiß: Guten Morgen. Ihr könnt euch sicher noch alle daran erinnern, dass wir gemeinsam eine Betriebserkundung durchführen wollen. Et voilà, hier ist die Einladung der Mühle Münch AG.

Luca: Aber das ist ja schon nächsten Montag.

Herr Weiß: Genau. Aber nicht, dass ihr denkt, wir gehen da hin und schauen uns nur ein bisschen das Unternehmen an ...

Lena: Ohh Mann, ich hab gedacht, das wird so ein richtig chilliger Wandertag.

Herr Weiß: Weit gefehlt. Ihr sollt das Unternehmen richtig erkunden. Sogar ein eigenes Programm haben die für uns entworfen. Bitte teilt doch mal das Programm aus und werft einen Blick darüber.

Programm für die Betriebserkundung der 7. Klasse der Wirtschaftsschule

Zeit	Aktion	Verantwortlicher
08:30 – 08:45	– Begrüßung	Mühle Münch
08:45 – 10:00	– Vorstellung und Firmenpräsentation – Abfrage der Erwartungshaltung an die Betriebserkundung – Ausbildungsberufe im Unternehmen	Mühle Münch
10:00 – 10:15	– Pause	
10:15 – 12:30	– Sicherheitsunterweisung – Einteilung und Unterweisung der Erkundungstrupps – Betriebserkundung durchführen	Mühle Münch Lehrer Schüler/-innen
12:30 – 13:30	– Gemeinsames Mittagessen	
13:30 – 15:00	– Verständnisfragen der Schüler/-innen beantworten – Lernzielkontrolle – Bewertung der Betriebserkundung – Verabschiedung	Mühle Münch Schüler/-innen Schüler/-innen Mühle Münch

Herr Weiß: Wie ihr seht, haben wir genug Zeit für die eigentliche Betriebserkundung.

Luca: Und was heißt das jetzt genau?

Herr Weiß: Ihr habt in den letzten Wochen einiges über Unternehmen gelernt, ihre Stellung in der Wirtschaft, ihre Grundfunktionen, ihren Standort usw.
Und genau das werdet ihr in der Mühle Münch anwenden.
Wir werden vier Fünfergruppen bilden, und dann wird jede Gruppe eine Grundfunktion genauer bearbeiten. Ihr werdet einen Fragebogen entwerfen und die Mitarbeiter vor Ort befragen. Welche Gruppe was genau macht, entscheidet das Los.

Lena: Und das alles bis nächsten Montag?

Herr Weiß: Genau. Also keine Zeit verlieren, Gruppen bilden und ran an die Arbeit.

1. Macht euch mit der Situation vertraut, indem ihr euch zunächst orientiert: Betrachtet hierzu die erhaltenen Unterlagen und stellt sicher, dass ihr genau wisst, was eure Aufgabe ist. **(Orientierung und Information)**
   (TIPP: Bildet thementeilige Arbeitsgruppen zu den vier Grundfunktionen.)
2. Plant euer weiteres Vorgehen, indem ihr euch Gedanken macht, was in dieser konkreten Situation zu tun ist, und notiert sie. **(Planung)**
3. Erstellt einen Mitarbeiterfragebogen zu der von euch bearbeiteten Grundfunktion und führt die Betriebserkundung sowie die Mitarbeiterbefragung durch. **(Durchführung)**
4. Bereitet die Betriebserkundung nach.
5. Präsentiert eure Ergebnisse und nehmt zu den anderen Gruppen Stellung. Berichtet über eure Erfahrungen. **(Bewertung und Reflexion)**
6. Überlegt, wie ihr euch während der Gruppenarbeit und insbesondere während der Betriebserkundung gefühlt habt, was gut und was weniger gut war, und berücksichtigt eure Feststellungen zukünftig.

Die Betriebserkundung
Eine Betriebserkundung muss von einer Betriebsbesichtigung streng getrennt werden, denn sie geht weit mehr in die Tiefe.

Betriebsbesichtigung	Betriebserkundung
Die Betriebsbesichtigung findet meist losgelöst vom Unterricht statt. Sie wird zumeist als Einzelmaßnahme, z. B. am Wandertag, durchgeführt. Die Organisation liegt dabei ausschließlich in der Hand des Unternehmens.	Die Betriebserkundung hat unmittelbaren Bezug zum Unterricht. Hier wird das zuvor im Lernbereich erworbene Wissen konkret in einem Unternehmen angewendet. Die Organisation wird aus diesem Grund auch sowohl vom Unternehmen als auch von den Schülern durchgeführt. Die Betriebserkundung ist deswegen auch viel zeitintensiver, da neben der Erkundung vor Ort auch viel Zeit in die Vorbereitungs- und Nachbereitungsphase investiert werden muss.
Die Schüler besichtigen nur, sind also „passive Informationsempfänger“.	Bei Betriebserkundungen gestalten die Schüler den Ablauf aktiv mit. Sie gehen mit konkreten Fragestellungen und Beobachtungsaufgaben, die sie zuvor im Unterricht vorbereitet haben, in den jeweiligen Erkundungsbereich.

Ein ganz wichtiges Ziel von Betriebserkundungen ist die Anwendung des zuvor im Unterricht erworbenen Wissens. Bedenkt man darüber hinaus, dass Schüler nur rund 30 % von dem, was sie hören bzw. sehen, aber 90 % von dem, was sie selbst tun, behalten, so führt eine Betriebserkundung viel schneller und effizienter zum erwünschten Erfolg. Zudem wirken sich das aktive Mitgestalten und das praxisnahe Lernen positiv auf die Lernmotivation der Schüler aus.

Die Betriebserkundung ist eine wertvolle Ergänzung zum herkömmlichen Unterricht; damit aber auch ein nachhaltiger Effekt erzielt werden kann, müssen die Schüler wichtige Voraussetzungen mitbringen: Die Schüler sind eben nicht nur reine Zuhörer und stille Beobachter, daher ist das aktive Mitgestalten und die Bereitschaft zur regen Beteiligung nicht nur gefragt, sondern auch gewünscht. Darüber hinaus müssen sich die Schüler im Klaren sein, dass das Unternehmen viel Zeit investiert, um ihnen einen guten Einblick in die betrieblichen Abläufe und den Arbeitsalltag zu ermöglichen. Aus diesem Grund ist ein respektvoller Umgang der Schüler mit den Mitarbeitern des Unternehmens und den zur Verfügung gestellten Arbeitsmitteln absolute Voraussetzung.

Die Betriebserkundung gliedert sich in drei Phasen: Vorbereitung, Durchführung und Auswertung.

1. Vorbereitung
Zuallererst werden die Schüler in vier Gruppen (Allgemeine Verwaltung, Beschaffung, Produktion und Absatz) eingeteilt.

Nachdem vom Unternehmen und der Lehrkraft die allgemeinen organisatorischen Regelungen abgesprochen sind, müssen die einzelnen Gruppen die für sie relevanten Informationen und Materialien recherchieren. Als Quellen kommen sowohl das Internet, Fachzeitschriften als auch das Unternehmen selbst infrage. Anschließend werden Arbeitsblätter und Fragebogen für die Erkundung ausgearbeitet.

2. Durchführung

Die Gruppen erkunden mit den ihnen zugeteilten Mitarbeitern des Unternehmens die zugeteilten Unternehmensbereiche und führen ihre Arbeitsaufträge durch. Um die in der Vorbereitung erarbeiteten Arbeitsblätter und Fragebogen zu bearbeiten, müssen sie Interviews mit den Mitarbeitern führen, Notizen machen, Protokolle anfertigen, die Mitarbeiter bei verschiedenen Arbeitsschritten beobachten und eventuell einfache Tätigkeiten selbst ausprobieren.

Die Lehrkraft wird sich während der Erkundung zurücknehmen bzw. gar nicht direkt daran teilnehmen. Dies hat vor allem den Hintergrund, dass Schüler in Anwesenheit des Lehrers angespannter sind und gehemmt sind, Fragen zu stellen. Dadurch ist die Lehrkraft oft gezwungen, die Fragen selbst zu formulieren und als Interviewpartner aufzutreten.

Zum Abschluss der Betriebserkundung treffen sich alle Gruppen wieder in den vorher festgelegten Räumlichkeiten. Hier haben die Schüler die Möglichkeit, noch offene Fragen zu klären, zusätzliche Informationen einzuholen und mit den Mitarbeitern zu diskutieren.

3. Nachbereitung

In der ersten Unterrichtsstunde nach der Betriebserkundung reflektieren die Schüler ihre Eindrücke, die sie während der Betriebserkundung gesammelt haben. Es wird auch besprochen, wie es den einzelnen Gruppen bei der Durchführung ihrer Erkundungsaufträge ergangen ist und wie sie den Umgang mit den Mitarbeitern des Betriebes erlebt haben. Hier will die Lehrkraft erfahren, ob die Erwartungen der Schüler erfüllt worden sind oder ob es noch offene Fragen gibt.

In einem nächsten Schritt geht es darum, die Arbeitsblätter, Fragebogen, Notizen und Protokolle auszuwerten. Dabei kann es natürlich vorkommen, dass die Schüler auf offene Fragen, Missverständnisse oder Unklarheiten stoßen, die im Rahmen der Erkundung nicht geklärt werden konnten. Diese sollten in der Nachbesprechung erörtert werden.

Die Ergebnisse der einzelnen Gruppen werden anschließend den anderen Gruppen präsentiert. Dies kann im Unterricht, aber auch öffentlichkeitswirksam im Rahmen einer Ausstellung am Tag der offenen Tür erfolgen.

Lernbereich 2: Als privater Endverbraucher wirtschaftlich handeln

Kapitel 2

2 Lernbereich 2.1: Mit Geld eigenverantwortlich umgehen

Kompetenzerwartungen
Die Schülerinnen und Schüler

- sammeln eigenverantwortlich Belege (z. B. Kassenzettel), stellen ihre Einnahmen und Ausgaben mithilfe üblicher Standardsoftware übersichtlich gegenüber und bewerten ihre finanzielle Situation.
- vermeiden Verschuldung, indem sie sich in Bezug auf größere eigene Anschaffungen realistische Ziele setzen.
- planen die Finanzierung eigener altersgemäßer Anschaffungen, indem sie Sparpläne unter Beachtung ihrer finanziellen Situation erstellen.
- wägen die Vor- und Nachteile altersgemäßer Beschäftigungsverhältnisse ab.
- berechnen mithilfe des Dreisatzes, wie sich eine Veränderung der Arbeitsmenge oder Arbeitszeit auf die Höhe des Verdienstes auswirkt.
- unterscheiden zwischen sachlichen und manipulativen Werbebotschaften und sind sich ihrer Rolle als umworbener Kunde bewusst.
- prüfen Sonderangebote hinsichtlich gewährter Preisnachlässe, indem sie deren Höhe mithilfe der Prozentrechnung berechnen.
- treffen eigenverantwortlich Kaufentscheidungen und berücksichtigen in diesem Zusammenhang ökonomische, ökologische, soziale und ethische Aspekte.
- nutzen die Möglichkeit eines Jugend-Girokontos und kontrollieren ihre Kontoauszüge.

2.1 Lernsituation 5: Wir erstellen eine Einnahmen- und Ausgaben-Rechnung

Annika, ebenfalls Schülerin der Wirtschaftsschule, hat beim Einkaufsbummel mit ihrer Freundin Lena eine wunderschöne Kette entdeckt. Da beide Freundinnen am Nachmittag noch ins Kino wollen (Eintritt 6,00 €) und die Kette 14,95 € kostet, ist sich Annika unsicher, ob sie sie kaufen soll. Lena empfiehlt ihr, sich ganz genau durchzurechnen, ob ihr Taschengeld dafür noch reicht, und sich erst dann zu entscheiden. Dafür sucht sich Annika zu Hause alle Belege des Monats zusammen. Ihr Guthaben auf dem Konto möchte sie nicht verwenden.

Jugend-GIRO 34 665 290 BLZ 790 500 00 Kontoauszug 2
Sparkasse Schweinfurt BYLADEM1SWU Blatt 1

Datum	Erläuterungen	Wert	Betrag
	Kontostand in EUR am 09.01.20XX, Auszug Nr. 1		86,65 +
28.01.	Gutschrift Taschengeld Februar	28.01.	25,00 +
	Kontostand in EUR am 29.01.20XX, 15:24 Uhr Auszug Nr. 2		111,65 +

Annika Schubert
Rudolf-Diesel-Str. 15
97124 Schweinfurt

IBAN:
DE83 7905 0000 0034 6652 90
BIC: BYLADEM1SWU

Tante Emma e. Kffr.
Mainweg 18, 97421 Schweinfurt
Tel. 09721 358 614

Steuernummer: 206/222/97551

Kassenzettel	1,20 €
Limo	0,85 €
Schokoriegel	
	2,05 €
TOTAL	1,92 €
Netto	
	2,05 €
SUMME	3,00 €
BAR	
RÜCKGELD	0,95 €
enthaltende Umsatzsteuer (7 %)	0,13 €

Vielen Dank für Ihren Einkauf.

10.02.20xx / 15:21

18.02.20xx / 13:53

Drogerie Meier OHG
Steuernummer: 206/222/93832
Hafenstraße 56 | 97424 Schweinfurt
Tel. 09721 3154

Beleg-Nr.: 1174367

Nagellack, pink 1 St.	2,25 €	2,25 €
TOTAL		2,25 €
SUMME		2,25 €
BAR		5,00 €
RÜCKGELD		2,75 €
enthaltende Umsatzsteuer (19 %)		0,36 €

Es bediente Sie Frau Thein.

Umtausch und Reklamation nur gegen Vorlage des Kassenbons!

Vielen Dank für Ihren Einkauf.

Liebe Annika,
hier ist das wöchentliche Essengeld.
Den Rest darfst du wie immer behalten.

Kuss, Mama

ZUR INFORMATION:
Das tägliche Mittagessen an der Schule beträgt 2,80 €.

1. Macht euch mit der Situation vertraut, indem ihr euch zunächst orientiert: Betrachtet hierzu die erhaltenen Unterlagen und stellt sicher, dass ihr wisst, was eure Aufgabe ist. **(Orientierung und Information)**
2. Plant euer weiteres Vorgehen, indem ihr euch Gedanken macht, was in dieser konkreten Situation zu tun ist, und notiert eure Gedanken. **(Planung)**
3. Erstellt eine Übersicht, aus der die Einnahmen und Ausgaben des Monats abgelesen werden können, und macht Annika einen Vorschlag zur Kaufentscheidung. **(Durchführung)**
4. Erstellt für die nächsten 4 Wochen eine Übersicht eurer eigenen Einnahmen und Ausgaben mithilfe eines Computerprogrammes. Bildet die Summen der Einnahmen sowie der Ausgaben. Stellt die Einnahmen und die Ausgaben in einem geeigneten Diagramm gegenüber und beschriftet es vollständig und sinnvoll.
5. Wählt als Überschrift für die Tabelle „Meine Einnahmen und Ausgaben" und gebt den Monat mit der Jahreszahl an.
6. Speichert die Datei unter dem Dateinamen „Einnahmen_Ausgaben" ab und druckt sie für die nächste Unterrichtsstunde aus.
7. Besprecht eure Einnahmen- und Ausgabentabellen in der nächsten Schulstunde im Plenum und überlegt, wie viel „Spielraum" ihr noch für weitere Ausgaben habt bzw. hattet. Was müsst ihr tun, wenn ihr mehr ausgegeben habt, als ihr eigentlich an Taschengeld zur Verfügung hattet? Welche Möglichkeiten habt ihr neben dem „Ausgeben" von Geld noch? **(Reflexion)**
8. Bearbeitet die Übungs- und Vertiefungsaufgabe. **(Vertiefung)**

Die Einnahmen-Ausgaben-Rechnung

Ein Haushaltsplan (Einnahmen-Ausgaben-Rechnung) ist ein wichtiges Instrument, um den Überblick über seine Einnahmen und Aushaben innerhalb eines bestimmten Zeitraums (z. B. Woche oder Monat) zu erhalten. Alle Posten werden in einem Haushaltsbuch erfasst und man erkennt sofort, ob am Ende des Zeitraums Geld übrig sein wird oder nicht.

Einnahmen

Für viele Jugendliche ist das Taschengeld die einzige regelmäßige Einnahmequelle. Dieser Betrag ändert sich selten. Was dabei als durchschnittlicher Richtwert empfohlen wird, kann nachstehender Tabelle entnommen werden.

Alter des Kindes	Taschengeld	Auszahlungsrhythmus
4 – 5 Jahre	0,50 €	wöchentlich
6 - 7 Jahre	1,50 – 2 €	wöchentlich
8 – 9 Jahre	2 – 3 €	wöchentlich
10 – 11 Jahre	13 – 16 €	monatlich
12 – 13 Jahre	18 – 22 €	monatlich
14 – 15 Jahre	25 – 30 €	monatlich
16 – 17 Jahre	35 – 45 €	monatlich
18 Jahre	70 €	monatlich

Die Taschengeldtabelle 2016 – Wie viel Taschengeld soll ich meinem Kind geben?
Quelle: www.taschengeldtabelle.org, zuletzt abgerufen am 05.01.2017

Neben dem Taschengeld können dann noch Einnahmen aus Ferienjobs oder Nebenjobs (z. B. Zeitungen austragen) oder sonstige Einnahmen (z. B. Einnahmen aus Verkäufen auf dem Flohmarkt) dazukommen.

Darüber hinaus sind Verwandte (gerade die Großeltern) beim Erreichen guter Noten oder an Geburtstagen und bestimmten Feiertagen (z. B. Weihnachten) äußerst spendabel.

Nun sollten alle Einnahmen im Haushaltsbuch aufgeschrieben werden.

Ausgaben
Im Unterschied zu den Einnahmen gibt es viel mehr Quellen, wo Jugendliche ihr Geld ausgeben können. Die Grafik unten zeigt hierzu eine Übersicht.

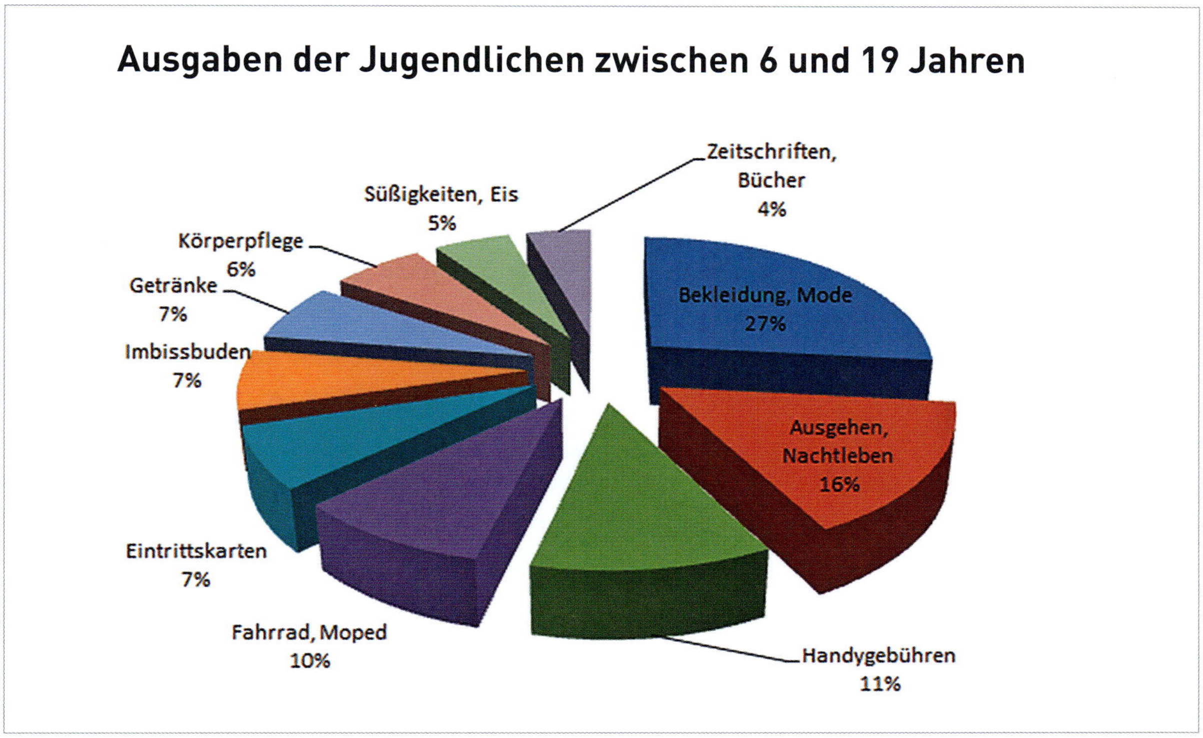

Auch die Ausgaben sollten jetzt, möglichst getrennt nach diesen Kategorien, im Haushaltsbuch erfasst werden. Da Ausgaben viel häufiger anfallen wie Einnahmen, sollten sie täglich aufgezeichnet werden.

Stellt man nun die Einnahmen und Ausgaben gegenüber, hat man zu jeder Zeit einen Überblick über seinen finanziellen Spielraum. Dies kann sowohl handschriftlich als auch mit Computerprogrammen wie Excel geschehen.

Aufgaben zur Lernsituation 5

Aufgabe 1

Stolz schüttelt Steffi ihre kleine Kiste. Darin ist das ganze Geld, das sie heute auf dem Flohmarkt verdient hat. Spielsachen, Comics und Kleidung, die sie nicht mehr braucht, hat sie dort ganz allein verkauft. Mit dem verdienten Geld möchte sie sich nun all das kaufen, was sie sich schon lange wünscht. „Es sind bestimmt 100 €", freut sich Steffi. Aber so genau weiß sie es nicht, denn sie hat ihre Einnahmen noch nicht gezählt. Und dann sind ja auch noch die 30 € Taschengeld und die 50 €, die sie von ihrer Oma geschenkt bekommen hat. Na ja, etwas hat sie davon schon ausgegeben, aber es ist bestimmt noch genug übrig.

Nun sitzt Steffi mit ihren Eltern beim Abendessen.

Mutter: Na, Steffi, wie ist der Tag heute beim Flohmarkt gelaufen?

Steffi: Super, ich habe bestimmt 100 € eingenommen. Zusammen mit dem Geld von euch und Oma sind das fast 200 €. Davon kann ich morgen gleich in die Stadtgalerie gehen und mir endlich die Sachen kaufen, die ich mir schon lange wünsche.

Mutter: Langsam, langsam. Bist du dir denn sicher, dass dein Geld auch reicht? Von dem Taschengeld musst du noch zwei Wochen deine Ausgaben in der Schulcafeteria bezahlen. Also, ich möchte erst einmal genau über deine finanzielle Situation Bescheid wissen und was du gedenkst zu tun, falls das Geld nicht reichen sollte.

Das hat Steffi auf dem Flohmarkt verkauft:

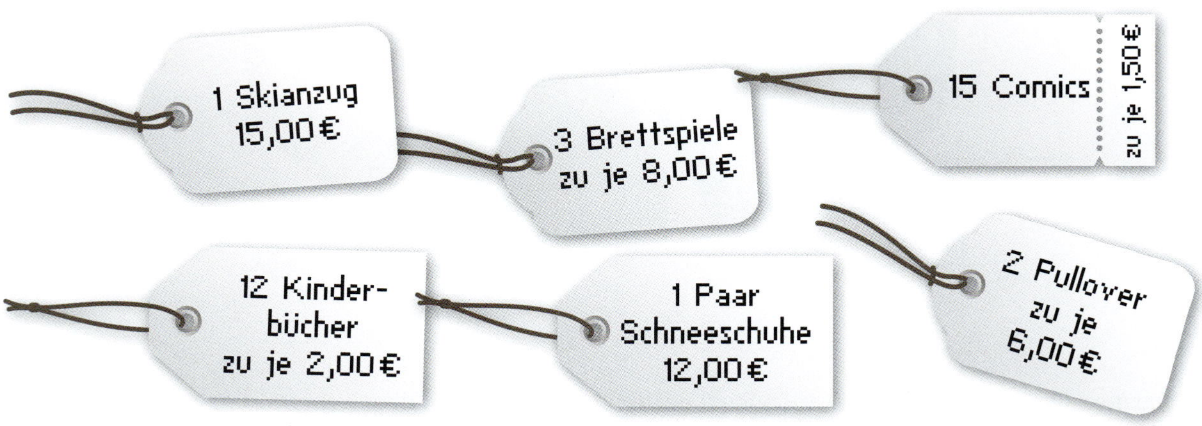

Das musste Steffi für den Stand bezahlen:

Quittung Nr. 14

Netto € 10, ct 00
€ ct
\+ % MwSt.
Gesamt € 10, ct 00

Gesamtbetrag € in Worten zehn Cent wie oben

(Im Gesamtbetrag sind ______ % Umsatzsteuer enthalten)

von Steffi Bauer
Stadt Schweinfurt
für Standgebühr Flohmarkt
richtig erhalten zu haben, bestätigt

Ort Schweinfurt Datum 22.10.XX

Buchungsvermerke | Stempel/Unterschrift des Empfängers: Jürgen Bolzer

Das hat Steffi bereits ausgegeben:

14.10.20xx / 13:53

Schreibwaren Müller OHG

Steuernummer: 815/144/10421

Schulstr. 10
97424 Schweinfurt
Tel. 09721 1200

Beleg-Nr.:		1174367
Scout Pink Heart, 36 teilig		
1 St.	35,99 €	35,99 €
TOTAL		35,99 €
SUMME		35,99 €
BAR		50,00 €
	RÜCKGELD	14,01 €
enthaltende Umsatzsteuer (19 %)		5,75 €

Es bediente Sie Frau Boudier.

Umtausch und Reklamation nur gegen Vorlage des Kassenbons!

Vielen Dank für Ihren Einkauf.

ZUR INFORMATION:
Steffi ist in der Pause Stammgast in der Schulcafeteria.

Sie kauft sich täglich eine Wurstsemmel zu 0,75 € und einen Schokodrink zu 0,50 €. Und zweimal pro Woche kann sie nicht widerstehen und leistet sich Süßigkeiten für 1,00 €.

Das ist Steffis Wunschzettel für ihren Einkauf in der Stadtgalerie:

Capri-Jeans mit Fransen
34,99 €

Sweatshirt
27,99 €

Longshirt
24,99 €

Chiffon-Rock
14,99 €

Jacke
49,99 €

Kann Steffi sich alle Wünsche von ihrem Wunschzettel erfüllen? Stellt eine Einnahmen- und Ausgaben-Rechnung auf!

2.2 Lernsituation 6: Wir planen für eine größere Anschaffung

Am Nachmittag treffen sich die Freundinnen Lena, Hannah und Annika, um gemeinsam ihre Hausaufgaben zu erledigen und sich für das Fach BSK auf eine Schulaufgabe vorzubereiten. Als sie sich in einer Lernpause etwas zu trinken holen, entdeckt Annika in einem kostenlosen Werbeprospekt das neuste Handy.

Annika: Hey, ihr beiden. Schaut mal, ich habe gerade das Handy in dem Prospekt entdeckt. Das wünsche ich mir zu meinem Geburtstag.

Lena: Oh, sieht das toll aus. Aber das ist viel zu teuer. Meine Eltern würden mir dies nicht kaufen und in meinem Sparschwein sind gerade mal 68,00 €.

Annika: Stimmt, 180,00 €, viel Geld. Meine Eltern sind von meinem Handywunsch sowieso nicht begeistert. Dabei hat doch heute jeder so ein cooles Handy.

Hannah: Na ja, ich habe das alte Handy von meiner Mutti bekommen und musste dafür sogar auf einen Monat Taschengeld verzichten.

Annika: Mmmh. Die Idee ist nicht schlecht, wenn ich die Hälfte des Kaufpreises von meinem Taschengeld dazugebe, dann erlauben mir meine Eltern vielleicht auch das Handy.

Hannah: Bis zu deinem Geburtstag willst du die Hälfte des Kaufpreises von deinem Taschengeld bezahlen?

Lena: Wie viel Taschengeld bekommst du denn?

Annika: 25,00 € jeden Monat bekomme ich von meinen Eltern. Mal überlegen, schaffe ich das ...

1. Macht euch mit der Situation vertraut, indem ihr euch zunächst orientiert. Stellt sicher, dass ihr wisst, was eure Aufgabe ist. **(Orientierung und Information)**
2. Plant euer weiteres Vorgehen, indem ihr euch Gedanken macht, was in dieser konkreten Situation zu tun ist, und notiert eure Gedanken in einer Mindmap. **(Planung)**
3. Entwerft innerhalb der Gruppe ein Konzept, wie Annika ihren Wunsch verwirklichen kann, und präsentiert euren Lösungsvorschlag der Klasse. **(Durchführung)**
4. Diskutiert über die verschiedenen Lösungsvorschläge der Klasse im Plenum und bewertet die einzelnen Präsentationen mithilfe eines Kriterienkataloges für Präsentationen. **(Bewertung)**
5. Reflektiert eurer Konzept und eure Präsentation, indem ihr konstruktives Feedback der Mitschüler annehmt und Schlüsse für zukünftige Präsentationen und Entscheidungen zieht. **(Reflexion)**
6. Bearbeitet die Übungs- und Vertiefungsaufgabe. **(Vertiefung)**

Sparpläne

Das Taschengeld reicht in der Regel nur für kleine Wünsche während eines Monats. Möchte man sich jedoch eine größere Anschaffung wie ein neues Handy, eine Spielkonsole oder eine teure Jeans leisten, muss man dafür sparen. Mithilfe eines Sparplans kann man errechnen, wie lange ein bestimmter Betrag zurückgelegt werden muss, um die Ausgabensumme erspart zu haben.

Dies kann man ebenso wie die Einnahmen-Ausgaben-Rechnung handschriftlich oder mithilfe von Computerprogrammen gestalten.

Entscheidet man sich für die handschriftliche Aufzeichnung, sollte zunächst von der gewünschten Sparsumme bereits angespartes Geld abgezogen werden. Dann teilt man die Restsumme durch den Betrag, den man vom Taschengeld zum Sparen verwenden möchte. Man erhält als Ergebnis die Anzahl der Monate, die man benötigt, um das Sparziel zu erreichen.

Mit dem Computerprogramm Excel könnte der Sparplan wie folgt aussehen:

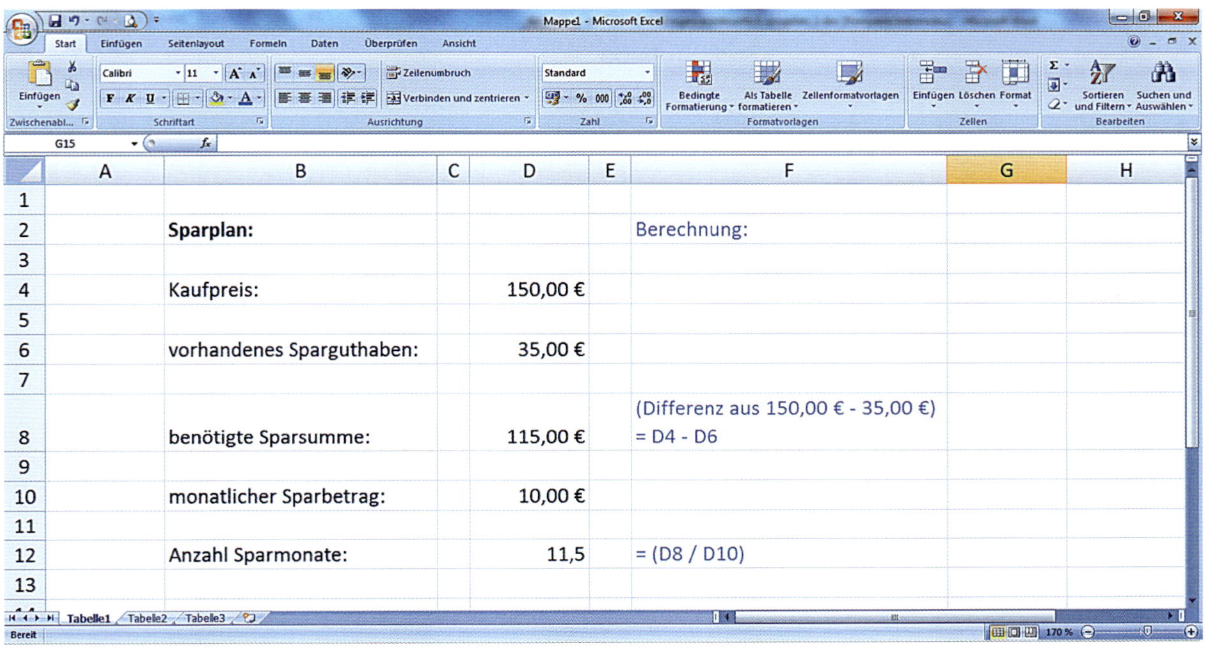

	A	B	C	D	E	F	G	H
1								
2		**Sparplan:**				Berechnung:		
3								
4		Kaufpreis:		150,00 €				
5								
6		vorhandenes Sparguthaben:		35,00 €				
7								
8		benötigte Sparsumme:		115,00 €		(Differenz aus 150,00 € - 35,00 €) = D4 - D6		
9								
10		monatlicher Sparbetrag:		10,00 €				
11								
12		Anzahl Sparmonate:		11,5		= (D8 / D10)		
13								

Einige Banken bieten auch spezielle Programme an, die die Laufzeit der Ansparmonate berechnen. Informationen hierzu können direkt bei den entsprechenden Banken am Schalter oder über das Internet eingeholt werden.

Aufgabe zur Lernsituation 6

Du hast nun einiges über Einnahmen und Ausgaben sowie Sparpläne gelernt und bist nun ja schon fast ein Profi in Sachen Geld.

Sicherlich hast du einige Wünsche, die sich nicht sofort umsetzen lassen. Nachdem du nun deine Einnahmen und Ausgaben der letzten Wochen gesammelt hast, kannst du deinen persönlichen Sparanteil berechnen.

Es ist sinnvoll, die Einnahmen und Ausgaben den verschiedenen Kategorien zuzuordnen, um überflüssige Ausgaben feststellen zu können. Eine denkbare Einteilung der Ausgabenkategorien ist dir in den abgebildeten Exceltabellen vorgegeben. **Fertige nun einen Wunschzettel und eine Einnahmen-und Ausgaben-Rechnung an, um im Anschluss einen Sparplan erstellen zu können.**

Meine Einnahmen

Monat	Taschengeld	Ferien-/Nebenjob	Geldgeschenke	sonstige Einnahmen	SUMME
Januar					
Februar					
März					
April					
Mai					
Juni					
Juli					
August					
September					
Oktober					
November					
Dezember					

Meine Ausgaben

Monat	Januar						
Tag	**Bekleidung**	**Ausgehen**	**Handy**	**Essen, Getränke**	**Zeitschriften, Bücher**	**sonstige Ausgaben**	**SUMME**
1							
2							
3							
4							
5							
6							
7							
SUMME							

2.3 Lernsituation 7: Wir eröffnen ein Jugend-Girokonto

Annika erzählt ihren Mitschülern auf dem Pausenhof, dass sie sich entschieden hat, nun fleißig für ihren Handywunsch zu sparen. Viele ihrer Mitschüler haben ähnliche Wünsche und werden nun durch Annika angespornt, es ihr nachzumachen. Lena wünscht sich zum Beispiel ein neues Fahrrad und nimmt sich vor, jeden Monat 10,00 € von ihrem Taschengeld in ihr Sparschwein zu stecken. Annika schlägt ihr vor, das Geld doch lieber auf einem Jugend-Girokonto anzusparen. „Jugend-Girokonto?", fragt Lena, und auch andere Mitschüler schauen skeptisch. Luca fragt in die Runde: „Kann uns jemand erklären, was ein Jugend-Girokonto ist und wie das funktioniert?"

1. Macht euch mit der Situation vertraut, indem ihr euch zunächst orientiert. Betrachtet hierzu die erhaltenen Unterlagen und stellt sicher, dass euch klar ist, wie eure Aufgabe aussieht. **(Orientierung und Information)**
2. Plant euer weiteres Vorgehen, indem ihr euch Gedanken macht, was in dieser konkreten Situation zu tun ist, und notiert diese. **(Planung)**
3. Fertigt ein Referat zum Thema Jugend-Girokonto an und geht dabei auch auf die Entwicklung des Geldes ein. Haltet die wichtigsten Informationen für eure Mitschüler auf einer Folie fest. **(Durchführung)**
4. Haltet und bewertet das Referat, nehmt Kritikpunkte zur Vollständigkeit und inhaltlichen Richtigkeit an und korrigiert gegebenenfalls. **(Bewertung)**
5. Erweitere dein Wissen und vergleiche die Jugend-Girokontoangebote der Banken in deiner Region miteinander. Ziehe für dich Schlüsse, bei welcher Bank du ein Jugendgirokonto eröffnen würdest, und spreche mit deinen Eltern über dieses Thema. **(Reflexion)**

2.3.1 Entwicklung des Geldes

Die Benutzung von Geld, das heißt Münzen und Geldscheinen, ist für uns heute selbstverständlich. Doch es dauerte viele Jahrtausende, bis die Menschen seine Notwendigkeit und seinen Nutzen erkannten.

In der Steinzeit, ca. 3 000 Jahre v. Chr., lebten die Menschen in kleinen Dorfgemeinschaften zusammen. Die Aufgaben innerhalb der Gemeinschaft waren einfach geregelt, die Männer gingen zur Jagd und die Frauen sammelten Beeren und Kräuter.

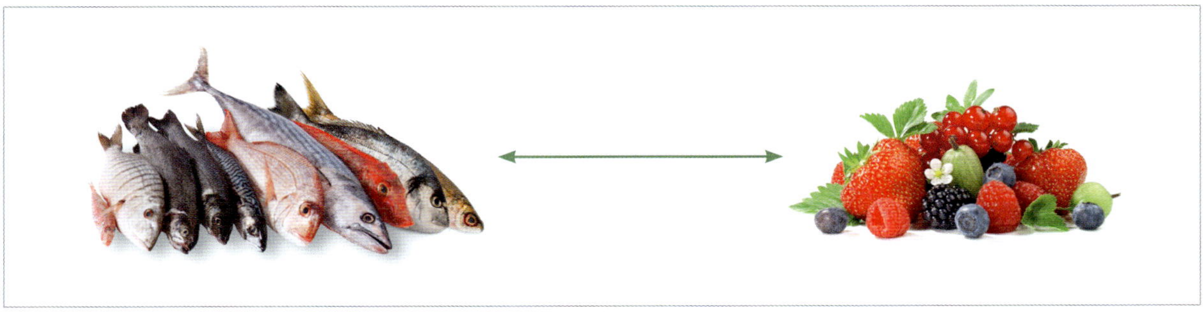

Anschließend wurden die erbeuteten Waren, auch als Naturalien bezeichnet, untereinander getauscht.

Oft kam es zu langen Tauschwegen, denn es war schwierig, einen geeigneten Tauschpartner zu finden, der das eigene Gut benötigte und das anbot, was man selbst brauchte. Fand man keinen geeigneten Tauschpartner, konnten die Lebensmittel verderben. Einige Tauschgüter waren nicht teilbar, und zudem war es schwierig, die vielen unterschiedlichen Waren zu bewerten.

Diese Nachteile führten dazu, dass der Naturaltausch durch das Naturalgeld ersetzt wurde. Hierfür wurden wertvolle Waren, wie zum Beispiel Felle, Perlen oder Muscheln, aber auch Edelmetalle als Zwischentauschmittel eingesetzt.

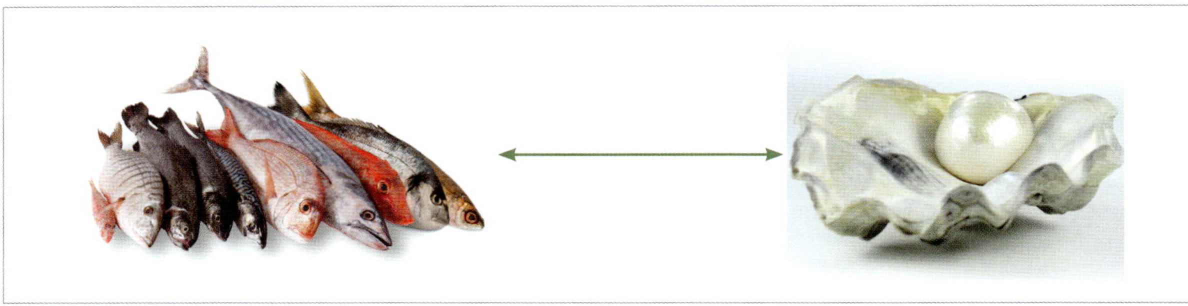

Diese Waren wurden nicht angenommen, weil man sie selbst benötigte, sondern nur, um sie wieder gegen andere Waren einzutauschen. Sie waren selten, leichter zu transportieren und meist nicht verderblich. Die bekannteste Form des Naturalgeldes ist die Kaurimuschel, die auch heute noch auf einigen Inseln von Melanesien als gültiges Zahlungsmittel anerkannt wird. Das Hauptproblem des Naturalgeldes war, dass die jeweiligen Zwischenzahlungsmittel nur in den geschlossenen Gemeinschaften anerkannt waren.

Ab ca. 1800 v. Chr. gewannen die Edelmetalle wie Gold, Silber oder auch Kupfer zunehmend an Bedeutung.

Sie wurden für die Herstellung von Werkzeugen, Waffen und Schmuck benötigt und waren sehr begehrt. Um die Edelmetalle als Zahlungsmittel zu verwenden, wurden diese geschmolzen und in Stäbe, Barren oder Ringe gegossen. Beim Tausch gegen die gewünschte Ware wurde ein Stück des Edelmetalls abgehackt und gewogen, um den Gegenwert ermitteln zu können.

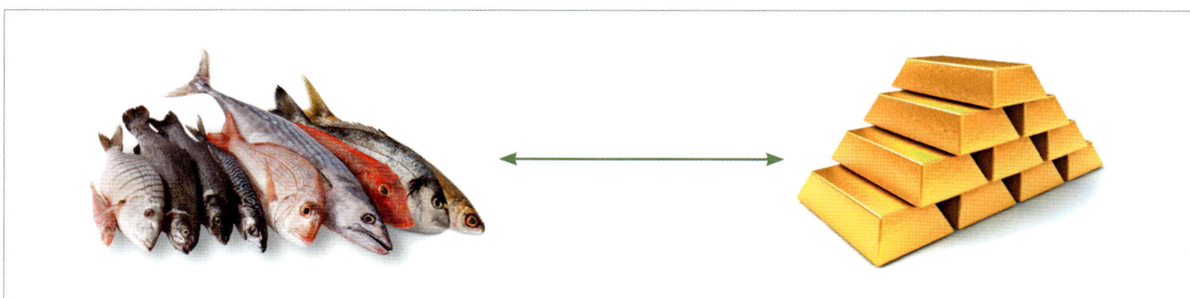

Diese Entwicklungsstufe des Geldes wird als Hack- oder Wägegeld bezeichnet. Der Wiegevorgang, der erschwerte Transport sowie die Fälschungen der Edelmetalle waren Gründe für die Ablösung durch das Münzgeld.

Die Edelmetalle, vor allem Silber, wurden ab Mitte des 7. Jahrhunderts v. Chr. zu Münzen geprägt, die einen Wert- und Gewichtsaufdruck enthielten. Die ältesten uns bekannten Münzen stammen aus Lydern von König Krösus, einem Volk in Kleinasien.

Zunächst wurden vollwertige Münzen (= Kurantmünzen) aus Gold und Silber, später durchweg unterwertige Münzen (= Scheidemünzen) geprägt. Der Handel erblühte, und die Münzen, die später durch die Römer und Griechen verfeinert wurden, dienten viele Jahrhunderte als einziges Zahlungsmittel. Dieses Münzgeld war teilbar, leicht zu transportieren, gut aufzubewahren und haltbar. Diese Vorteile führten dazu, dass der direkte Warentausch endgültig abgelöst wurde. Im Laufe der Zeit existierten eine Vielzahl unterschiedlichster Prägungen an Münzen der einzelnen Fürsten und Könige, sodass viele Händler die Übersicht verloren.

Außerdem war Münzgeld bei größeren Geschäften und langen Handelswegen nur sehr umständlich und unter großen Gefahren zu transportieren. Dennoch bestehen die Münzen in der heutigen Zeit in jeder modernen Währung.

Die Problematik des erschwerten Transports größerer Münzgeldmengen führte zur Erfindung des Papiergeldes. Zunächst misstrauten viele Menschen dieser Entwicklung, bis der Schotte John Law Mitte des 18. Jahrhunderts eine Garantie zur Ausgabe einer bestimmten Menge an Münzgeld auf die Papierscheine drucken ließ. In China kannte man bereits zwischen dem 7. und 9. Jahrhundert n. Chr. Geld aus Papier, sodass die Chinesen als Schöpfer des heutigen Papiergeldes gelten. Die heutigen Münzen und das Papiergeld, die Banknoten, bilden zusammen das Bargeld.

So wichtig Münzen und Geldscheine für den wirtschaftlichen Alltag sind, so bildet Bargeld doch nur den kleineren Teil des Geldumlaufs zu Zahlungszwecken. Größere Zahlungen lassen sich bequemer und sicherer von Konto zu Konto abwickeln. Dieses Geld wird als Buch- oder Giralgeld bezeichnet. Das Vermögen der Menschen wird in elektronischen Dateien, den Büchern der Banken, gespeichert und verwaltet und daher als Buchgeld bezeichnet. Der Ausdruck Giralgeld stammt vom Wort „giro“ (italienisch „der Kreis“) ab, denn das „unsichtbare“ Geld wird in einem Kreislauf von Bankkonto zu Bankkonto weitergegeben.

Um Giralgeld zu bewegen, sind besondere Instrumente erforderlich. Ein häufig in Anspruch genommenes Instrument ist die Überweisung. Der Kontoinhaber erteilt seiner Bank den Auftrag, zulasten seines Kontos einen bestimmten Giralgeldbetrag auf das Konto eines bestimmten Empfängers zu übertragen. Die Bankfachleute sagen dazu: Das eigene Konto wird „belastet“, das des Zahlungsempfängers erhält eine Gutschrift. Der Austausch zwischen Buchgeld und Bargeld geschieht durch Einzahlungen und Auszahlungen, wofür die Bank dem Kontoinhaber in der Regel eine sogenannte Bankkarte zur Verfügung stellt.

2.3.2 Funktionen des Geldes

Im heutigen Wirtschaftsleben erfüllt Geld eine Reihe von Aufgaben, die nachfolgend kurz aufgeführt werden.

Geld als Zahlungs- und Tauschmittel
Möchte Susi ihre alte CD veräußern und sich dafür den neusten Nagellack kaufen, dient Geld als Tausch- und Zahlungsmittel.

Geld als Wertaufbewahrungsmittel
Im Gegensatz zu Lebensmitteln verdirbt Geld in einem überschaubaren Zeitraum nicht und wird daher oftmals gespart und somit aufbewahrt.

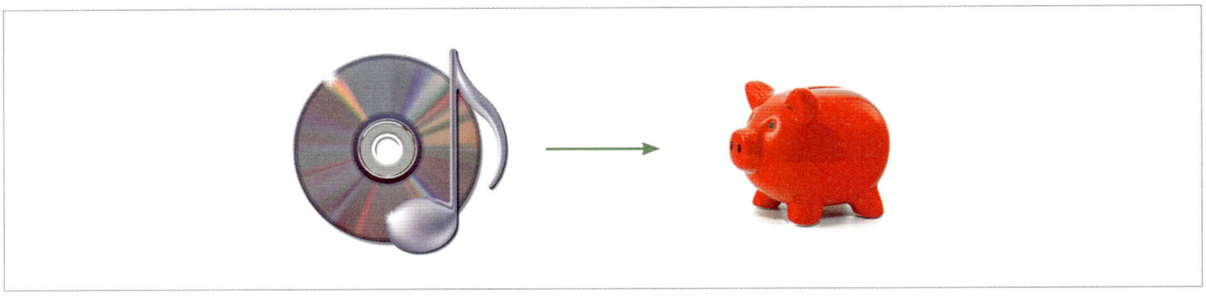

Geld als Recheneinheit
Zum Schulfest verkauften alle siebten Klassen selbst gebackene Muffins für 2,00 € das Stück. Am Nachmittag lässt sich die erfolgreichste Klasse feststellen.

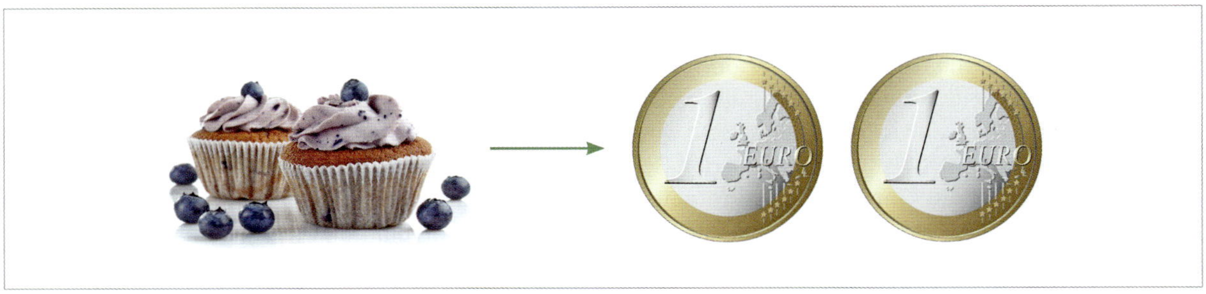

Geld als Wertübertragungsmittel

Zusammen mit ihren Freudinnen hat Susi einen Kuchenbasar im Tanzverein organisiert. Den Verkaufserlös wollen sie einem Verein, der sich um bedürftige Kinder in Afrika kümmert, überweisen.

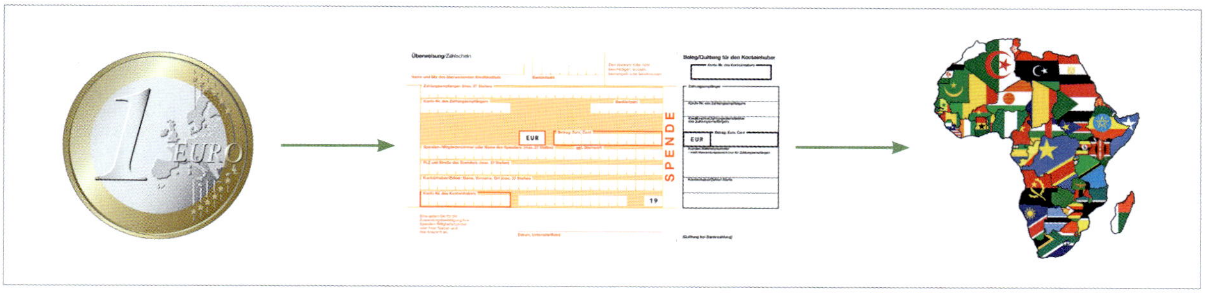

Geld als Wertmaßstab

Mithilfe des Geldes kann man den Wert eines bestimmten Gegenstandes einschätzen.

Geld als Kreditmittel

Damit Susis Eltern sich ein Haus kaufen können, müssen sie bei der Bank einen Kredit aufnehmen.

2.3.3 Das Jugend-Girokonto

In der Steinzeit tauschten die Menschen Ware gegen Ware. Da dies einige Probleme mit sich brachte, haben sich die Bedeutung und der Umgang von Geld im Verlauf von mehreren Jahrtausenden geändert. In den letzten Jahren hat sich der bargeldlose Zahlungsverkehr durchgesetzt. Nun muss man nicht mehr sein Sparschwein durch die Gegend tragen, sondern kann mithilfe einer Bankkarte ganz ohne Bargeld bezahlen. Jede Bank bietet heutzutage Girokonten für Kinder und Jugendliche an. Die Bezeichnung für diese Konten ist von Bank zu Bank verschieden, es existieren Namen wie Taschengeldkonto, Spargirokonto oder Jugendkonto.

Eine Gemeinsamkeit verbindet die Girokonten für Jugendliche, die Kontoführung ist kostenlos und oft bekommt der Kontoinhaber eine geringe Verzinsung seines Guthabens.

Für eine Kontoeröffnung bei der Bank seiner Wahl benötigt der Jugendliche seine Eltern, um den Antrag rechtmäßig ausfüllen zu können. Abhängig vom Alter des Kontoinhabers, das heißt vom Jugendlichen, können eine Bankkarte, ein Überweisungs- und Abhebungslimit sowie Onlinebanking vereinbart werden.

Die Bankkarte weist auf der Vorderseite neben den Namen und der Kontonummer die Kartennummer und die Gültigkeitsdauer auf. Auf der Rückseite der Karte existieren ein Magnetstreifen, auf dem persönliche Daten gespeichert sind, ein Unterschriftenfeld und Symbole zu den Einsatzmöglichkeiten.

So können beispielsweise Kontoauszüge am Terminal erstellt werden. Die Bankkarte verfügt aber über weitere Funktionen. Zusammen mit der PIN, der sogenannten **P**ersönlichen **I**dentifikations**n**ummer, kann Geld vom Automaten abgehoben, können Überweisungen und Daueraufträge am Terminal durchgeführt oder kann das Guthaben der Prepaid-Handykarte aufgeladen werden. Darüber hinaus kann sie in vielen Einzelhandelsunternehmen zum bargeldlosen Bezahlen eingesetzt werden. Man bezeichnet sie als Debitcard, dies bedeutet, das dazugehörige Konto wird sofort mit den getätigten Umsätzen belastet.

Einige Bankkarten verfügen auf der Vorderseite über einen kleinen, goldenen Chip, der sogenannten Geldkartenfunktion. Dieser Chip kann an Bankautomaten bis zu einem Betrag von 200,00 € aufgeladen werden, sodass in Einzelhandelsgeschäften oder öffentlichen Verkehrsmitteln das Geld vom Chip abgebucht wird, ähnlich wie bei einer elektronischen Geldbörse. Diese Funktion hat sich aufgrund der benötigten Kartenlesegeräte in den Einzelhandelsgeschäften und dem Risiko des Totalausfalls des Guthabens auf dem Chip bei Verlust oder Diebstahl der Karte nicht durchgesetzt.

2.4 Lernsituation 8: Wir suchen einen Nebenjob

Annika und Lena haben sich am Nachmittag getroffen. Annika spart weiter eisern für ihr Handy, als sie in der Zeitung eine Anzeige entdeckt, in der Leute zum Austragen von Zeitungen gesucht werden.

Annika: Oh, schau doch mal, Lena, damit würde ich sicherlich schnell das Geld zusammenhaben.

Lena: Stimmt, zeig mal her. Wollen wir gleich dort anrufen?

Annika: Mmmh, ich weiß nicht so recht Lena.
Dürfen wir überhaupt schon arbeiten?

Lena: Komm, lass uns doch gleich mal im Internet nachschauen.

Ebbe im Geldbeutel?

Wir suchen Leute zum Austragen von Zeitungen in der Umgebung.

Interessiert, dann ruf uns an unter 09721 2895654!

Firma Zeitung und Prospekte GmbH in Schweinfurt

1. Macht euch mit der Situation vertraut, indem ihr euch zunächst orientiert. Betrachtet hierzu die erhaltenen Unterlagen und stellt sicher, dass ihr wisst, was eure Aufgabe ist. **(Orientierung und Information)**
2. Plant euer weiteres Vorgehen, indem ihr euch Gedanken macht, was in dieser konkreten Situation zu tun ist, und macht euch Notizen. **(Planung)**
3. Erstellt eine Galerie zum Thema Nebenjobs für Jugendliche und deren Rechte und Pflichten. **(Durchführung)**
4. Bewertet die Galerie und nehmt Kritikpunkte zur Vollständigkeit und inhaltlichen Richtigkeit auf und korrigiert sie gegebenenfalls. Haltet die wichtigsten Informationen in einem Hefteintrag fest. **(Bewertung)**
5. Besprecht eure Hefteinträge im Plenum und nehmt gegebenenfalls Änderungen/Verbesserungen vor. Beantwortet Annikas Frage. **(Reflexion)**
6. Bearbeitet die Fälle zum Thema Jugendarbeitsschutzgesetz und Kinderarbeitsschutzverordnung. **(Vertiefung)**

2.4.1 Nebenjobs

Da das Taschengeld in der Regel nur für kleine Wünsche während eines Monats reicht, müssen größere Anschaffungen erspart oder erarbeitet werden. Ein Nebenjob hilft dir nicht nur, deinen Kontostand aufzubessern, sondern auch selbstständiger zu werden. Doch wie lange darfst du arbeiten, wie viel Geld bekommst du dafür und welche Möglichkeiten bieten sich für dich als Schüler? Diese Fragen sowie die Vor- und Nachteile eines Nebenjobs werden nun geklärt.

Bei der Entscheidung nach dem richtigen Nebenjob solltest du deine eigenen Interessen und Vorlieben berücksichtigen. Die Möglichkeiten, neben der Schule Geld zu verdienen, sind vielfältig. So kannst du beispielsweise babysitten, in der Nachbarschaft den Rasen mähen, Einkäufe erledigen, Hunde ausführen, Nachhilfe für jüngere Schüler geben, das Auto waschen oder Zeitungen austragen. Die Regale in Supermärkte einräumen oder im Café und Schnellimbiss zu bedienen sind auch Möglichkeiten, um das Taschengeld aufzubessern.

Die Verdienste richten sich in der Regel nach der Art der Tätigkeit sowie deinem Alter und werden als Stundenlohn vereinbart. Er liegt zwischen fünf und acht Euro. Man spricht hierbei von sogenannten Minijobs, wobei der maximale Verdienst und die Arbeitszeit gesetzlich geregelt sind.

So könntest du derzeit maximal 450,00 € im Monat verdienen, ohne dass steuerliche Abzüge und Versicherungsabgaben fällig werden.

Die Arbeitszeitvorschriften richten sich nach deinem Alter und sind im Jugendarbeitsschutzgesetz, das zwischen Kindern und Jugendlichen unterscheidet, geregelt.[4]

Ein Nebenjob bietet dir die Möglichkeit, in den Arbeitsalltag hineinzuschnuppern und eine Vorentscheidung zur späteren Berufswahl zu treffen. Viele Firmen schätzen einen Nebenjob oder ein Praktikum im Lebenslauf. Außerdem hilft es dir, selbstständig und selbstbewusst aufzutreten und zu lernen, mit Geld gewissenhaft umzugehen.

Wichtig ist, dass du für deinen Nebenjob nicht die Schule vernachlässigst. Genauso sollte weiterhin genügend Zeit bleiben, um Freunde zu treffen oder zu entspannen.

2.4.2 Jugendarbeitsschutzgesetz

Um die Gesundheit und Entwicklung von Kindern und Jugendlichen nicht zu gefährden, regelt das Jugendarbeitsschutzgesetz (abgekürzt JArbSchG) die Arbeitszeiten sowie die Arbeitsbedingungen. Zusammen mit der Kinderarbeitsschutzverordnung achtet es darauf, dass Kinder und Jugendliche keine gefährlichen Tätigkeiten übernehmen, die Arbeit nicht zu schwer ist und nicht zu früh beginnt sowie nicht zu lange andauert.

Doch für wen gilt nun dieses Gesetz? Für alle jungen Menschen unter 18 Jahren, unabhängig, ob sie Arbeiter in einem Nebenjob oder Auszubildende sind. Unter 15 Jahren oder bei einem Alter zwischen 15 und 18 Jahren mit Schulpflicht behandelt das Gesetz den jungen Menschen als Kind und schützt ihn daher besonders.

In der Bundesrepublik Deutschland ist das Arbeiten für Kinder grundsätzlich verboten. Einige Ausnahmen gewähren das Gesetz und die Kinderarbeitsschutzverordnung für kurzzeitige leichte und geeignete Arbeiten, wie Zeitungen austragen, Botengänge, Nachhilfeunterricht, die Betreuung von Haustieren oder Tätigkeiten im Haushalt und Garten. Ist der Schüler bereits 15 Jahre alt, darf er während der Schulferien einen Ferienjob bis zu einer Gesamtdauer von vier Wochen pro Kalenderjahr ausüben.

Die Einhaltung des Gesetzes wird durch das Amt für Arbeitsschutz und das Gewerbeaufsichtsamt überwacht. Sollte ein Betrieb dennoch gegen das Jugendarbeitsschutzgesetz und die Kinderarbeitsschutzverordnung verstoßen, drohen Ordnungswidrigkeiten und Geldbußen bis 15 000 € in schlimmeren Fällen. Als letzte Konsequenz bei Nichteinhaltung der Vorschriften kann die Aufsichtsbehörde auch Beschäftigungsverbote für Jugendliche in dem Betrieb verhängen.

Doch welche Regelungen müssen nun von Jugendlichen ganz genau beachtet werden?

4 Die genauen Vorschriften sind im Informationstext „Jugendarbeitsschutzgesetz“ zusammengefasst.

1. Die maximale wöchentliche Arbeitszeit von Jugendlichen beträgt 40 Stunden, der einzelne Arbeitstag darf nicht länger als acht Stunden andauern. (Ausnahme: Montag bis Donnerstag achteinhalb Stunden und am Freitag nur sechs Stunden.)

2. Es gilt maximal eine Fünftagewoche. Dies bedeutet, es darf nur an fünf Tagen in der Woche gearbeitet werden.

3. Es darf nur zwischen sechs Uhr morgens und acht Uhr abends gearbeitet werden.
(Ausnahmen existieren für Betriebe wie Bäckereien und der Land- und Forstwirtschaft.)

4. Pausen müssen eingehalten werden.
Eine Pause beträgt mindestens 15 Minuten. Bei einer Arbeitszeit von mehr als vierundeinhalb Stunden müssen 30 Minuten Pause gemacht werden, bei einer Arbeitszeit von mehr als sechs Stunden beträgt sie sogar 60 Minuten.

5. Die Arbeitszeit und die Pausen dürfen zusammen nicht mehr als zehn Stunden ergeben. Diese Zeit wird als Schichtzeit bezeichnet.

6. Urlaub muss sein.
Das Jugendarbeitsschutzgesetz sieht folgende Urlaubstage vor:
   - Jugendliche unter 16 Jahren = 30 Werktage
   - Jugendliche unter 17 Jahren = 27 Werktage
   - Jugendliche unter 18 Jahren = 25 Werktage

7. Jugendliche dürfen keine gefährlichen Arbeiten ausführen.
Unter gefährlich werden alle Tätigkeiten verstanden, die die Leistungsfähigkeit des Jugendlichen übersteigen oder wo er besonderen Unfallgefahren ausgesetzt ist. Ebenfalls darf der Jugendliche keiner außergewöhnlichen Nässe, Kälte, Hitze und außergewöhnlichem Lärm sowie gefährdenden Stoffen oder Strahlen ausgesetzt werden.

8. Keine Akkordarbeit!
Jugendliche dürfen keine Akkordarbeit, das heißt Arbeit nach Leistung, verrichten.

2.4.3 Das Jugendarbeitsschutzgesetz und die Kinderarbeitsschutzverordnung

Auszug aus dem Jugendarbeitsschutzgesetz (JArbSchG)

§ 1 Geltungsbereich
(1) Dieses Gesetz gilt für die Beschäftigung von Personen, die noch nicht 18 Jahre alt sind.

§ 2 Kind, Jugendlicher
(1) Kind im Sinne dieses Gesetzes ist, wer noch nicht 15 Jahre alt ist.
(2) Jugendlicher im Sinne dieses Gesetzes ist, wer 15, aber noch nicht 18 Jahre alt ist.

§ 4 Arbeitszeit
(1) Tägliche Arbeitszeit ist die Zeit von Beginn bis Ende der täglichen Beschäftigung ohne die Ruhepausen (§ 11).

§ 5 Verbot der Beschäftigung von Kindern
(1) Die Beschäftigung von Kindern (§ 2 Abs. 1) ist verboten.

§ 8 Dauer der Arbeitszeit
(1) Jugendliche dürfen nicht mehr als acht Stunden täglich und nicht mehr als 40 Stunden wöchentlich beschäftigt werden. [...]
(2a) Wenn an einzelnen Werktagen die Arbeitszeit auf weniger als acht Stunden verkürzt ist, können Jugendliche an den übrigen Werktagen derselben Woche achteinhalb Stunden beschäftigt werden.

§ 9 Berufsschule
(1) Der Arbeitgeber hat den Jugendlichen für die Teilnahme am Berufsschulunterricht freizustellen. Er darf den Jugendlichen nicht beschäftigen
1. vor einem vor 9 Uhr beginnenden Unterricht; dies gilt auch für Personen, die über 18 Jahre alt und noch berufsschulpflichtig sind,
2. an einem Berufsschultag mit mehr als fünf Unterrichtsstunden von mindestens je 45 Minuten, einmal in der Woche,

§ 11 Ruhepausen, Aufenthaltsräume
(1) Jugendlichen müssen im Voraus feststehende Ruhepausen von angemessener Dauer gewährt werden.
Die Ruhepausen müssen mindestens betragen
1. 30 Minuten bei einer Arbeitszeit von mehr als viereinhalb bis zu sechs Stunden,
2. 60 Minuten bei einer Arbeitszeit von mehr als sechs Stunden.

Als Ruhepause gilt nur eine Arbeitsunterbrechung von mindestens 15 Minuten.
(2) Die Ruhepausen müssen in angemessener zeitlicher Lage gewährt werden, frühestens eine Stunde nach Beginn und spätestens eine Stunde vor Ende der Arbeitszeit. Länger als viereinhalb Stunden hintereinander dürfen Jugendliche nicht ohne Ruhepause beschäftigt werden.

§ 12 Schichtzeit
Die tägliche Arbeitszeit darf unter Hinzurechnung der Ruhepausen 10 Stunden, im Bergbau unter Tage 8 Stunden und im Gaststättengewerbe, in der Landwirtschaft, in der Tierhaltung, auf Bau- und Montagestellen 11 Stunden nicht überschreiten.

§ 13 Tägliche Freizeit
Nach Beendigung der täglichen Arbeitszeit dürfen Jugendliche nicht vor Ablauf einer ununterbrochenen Freizeit von mindestens 12 Stunden beschäftigt werden.

§ 14 Nachtruhe
(1) Jugendliche dürfen nur in der Zeit von 6 bis 20 Uhr beschäftigt werden.
(2) Jugendliche über 16 Jahre dürfen [...]
1. im Gaststätten- und Schaustellergewerbe bis 22 Uhr,
2. in mehrschichtigen Betrieben bis 23 Uhr,
3. in der Landwirtschaft ab 5 Uhr oder bis 21 Uhr,
4. in Bäckereien und Konditoreien ab 5 Uhr

§ 15 Fünf-Tage-Woche
Jugendliche dürfen nur an fünf Tagen in der Woche beschäftigt werden [...]

§ 16 Samstagsruhe
(1) An Samstagen dürfen Jugendliche nicht beschäftigt werden.
(2) Zulässig ist die Beschäftigung Jugendlicher an Samstagen nur
1. in Krankenanstalten sowie in Alten, Pflege- und Kinderheimen.
2. in offenen Verkaufsstellen, [...],in Bäckereien und Konditoreien [...]
4. in der Landwirtschaft und Tierhaltung, [...]

Mindestens 2 Samstage im Monat sollen beschäftigungsfrei bleiben.

§ 17 Sonntagsruhe
(1) An Sonntagen dürfen Jugendliche nicht beschäftigt werden.
(2) Dieses Verbot gilt jedoch nicht für die Beschäftigung
1. in Krankenanstalten sowie in Alten, Pflege- und Kinderheimen,
2. in der Landwirtschaft und Tierhaltung, die auch an Sonn- und Feiertagen naturnotwendig vorgenommen werden müssen [...]

[...], mindestens 2 Sonntage im Monat müssen beschäftigungsfrei bleiben.

§ 18 Feiertagsruhe
(1) Am 24. und 31. Dezember nach 14 Uhr und an gesetzlichen Feiertagen dürfen Jugendliche nicht beschäftigt werden.
(2) Zulässig ist die Beschäftigung Jugendlicher an gesetzlichen Feiertagen in den Fällen des § 17 Abs. 2, ausgenommen am 25. Dezember, am 1. Januar, am ersten Osterfeiertag und am 1. Mai.

§ 19 Urlaub
(1) Der Arbeitgeber hat Jugendlichen für jedes Kalenderjahr einen bezahlten Erholungsurlaub zu gewähren.
(2) Der Urlaub beträgt jährlich
1. mindestens 30 Werktage, wenn der Jugendliche zu Beginn des Kalenderjahres noch nicht 16 Jahre alt ist,
2. mindestens 27 Werktage, wenn der Jugendliche zu Beginn des Kalenderjahres noch nicht 17 Jahre alt ist,
3. mindestens 25 Werktage, wenn der Jugendliche zu Beginn des Kalenderjahres noch nicht 18 Jahre alt ist.

Jugendliche, die im Bergbau unter Tage beschäftigt werden, erhalten in jeder Altersgruppe einen zusätzlichen Urlaub von drei Werktagen.

§ 22 Gefährliche Arbeiten
(1) Jugendliche dürfen nicht beschäftigt werden
1. mit Arbeiten, die ihre physische oder psychische Leistungsfähigkeit übersteigen,
2. mit Arbeiten, bei denen sie sittlichen Gefahren ausgesetzt sind,
3. [...]
4. mit Arbeiten, bei denen ihre Gesundheit durch außergewöhnliche Hitze oder Kälte oder starke Nässe gefährdet wird,
5. mit Arbeiten, bei denen sie schädliche Einwirkungen von Lärm, Erschütterung, Strahlen [...] ausgesetzt sind.

§ 23 Akkordarbeit; tempoabhängige Arbeiten
Jugendliche dürfen nicht beschäftigt werden
1. mit Akkordarbeit und sonstigen Arbeiten, bei denen durch ein gesteigertes Arbeitstempo ein höheres Arbeitsentgelt erzielt werden kann,
2. mit Arbeiten, bei denen ihr Arbeitstempo nicht nur gelegentlich vorgeschrieben, vorgegeben oder auf andere Weise erzwungen wird.

Auszug aus der Kinderarbeitsschutzverordnung

§ 1 Beschäftigungsverbot
Kinder über 13 Jahre und vollzeitschulpflichtige Jugendliche dürfen nicht beschäftigt werden, soweit nicht das Jugendarbeitsschutzgesetz und § 2 dieser Verordnung Ausnahmen vorsehen.

§ 2 Zulässige Beschäftigungen
(1) Kinder über 13 Jahre und vollzeitschulpflichtige Jugendliche dürfen nur beschäftigt werden
1. mit dem Austragen von Zeitungen, Zeitschriften, Anzeigenblättern und Werbeprospekten,
2. in privaten und landwirtschaftlichen Haushalten mit
   a) Tätigkeiten in Haushalt und Garten,
   b) Botengängen,
   c) der Betreuung von Kindern und anderen zum Haushalt gehörenden Personen,
   d) Nachhilfeunterricht,
   e) der Betreuung von Haustieren,
   f) Einkaufstätigkeiten mit Ausnahme des Einkaufs von alkoholischen Getränken und Tabakwaren,
3. in landwirtschaftlichen Betrieben mit Tätigkeiten bei
   a) der Ernte und der Feldbestellung,
   b) der Selbstvermarktung landwirtschaftlicher Erzeugnisse,
   c) der Versorgung von Tieren,
4. mit Handreichungen beim Sport,
5. mit Tätigkeiten bei nichtgewerblichen Aktionen und Veranstaltungen der Kirchen, Religionsgemeinschaften, Verbände, Vereine und Parteien, wenn die Beschäftigung nach § 5 Abs. 3 des Jugendarbeitsschutzgesetzes leicht und für sie geeignet ist.

(2) Eine Beschäftigung mit Arbeiten nach Absatz 1 ist nicht leicht und für Kinder über 13 Jahre und vollzeitschulpflichtige Jugendliche nicht geeignet, wenn sie insbesondere
1. mit einer manuellen Handhabung von Lasten verbunden ist, die regelmäßig das maximale Lastgewicht von 7,5 kg oder gelegentlich das maximale Lastgewicht von 10 kg überschreiten; manuelle Handhabung in diesem Sinne ist jedes Befördern oder Abstützen einer Last durch menschliche Kraft, unter anderem das Heben, Absetzen, Schieben, Ziehen, Tragen und Bewegen einer Last,
2. infolge einer ungünstigen Körperhaltung p hysisch belastend ist oder
3. mit Unfallgefahren, insbesondere bei Arbeiten an Maschinen und bei der Betreuung von Tieren, verbunden ist, von denen anzunehmen ist, dass Kinder über 13 Jahre und vollzeitschulpflichtige Jugendliche sie wegen mangelnden Sicherheitsbewusstseins oder mangelnder Erfahrung nicht erkennen oder nicht abwenden können.

Satz 1 Nr. 1 gilt nicht für vollzeitschulpflichtige Jugendliche.

(3) Die zulässigen Beschäftigungen müssen im Übrigen den Schutzvorschriften des Jugendarbeitsschutzgesetzes entsprechen.

§ 3 Behördliche Befugnisse
Die Aufsichtsbehörde kann im Einzelfall feststellen, ob die Beschäftigung nach § 2 zulässig ist.

Aufgabe zur Lernsituation 8

Beurteile mithilfe des Jugendarbeitsschutzgesetzes die nachfolgenden Fälle.

Fall 1
Sabine, Schülerin 14 Jahre alt, möchte sich etwas zum Taschengeld dazuverdienen. In der Eisdiele um die Ecke sieht sie einen Aushang: „Aushilfskräfte von 18:00 bis 21:00 Uhr gesucht."

Fall 2
Stefan, 14 Jahre alt und Schüler der Wirtschaftsschule, möchte in den Sommerferien mit seinen Kumpels ins Ferienlager nach Ungarn reisen. Mit seinen Eltern hat er ausgemacht, dass er einen Teil der Urlaubskosten übernimmt. Nun möchte er in der Nachbarschaft am Samstag Vormittag zwischen 10:00 und 12:00 Uhr die Rasen mähen oder die Autos waschen.

Fall 3
Peter, 15 Jahre, werkelt am liebsten im Garten seiner Eltern herum. Nun sucht die Gärtnerei Schüler, die die Beete umgraben, neue Beete anlegen und mit Blumenerdesäcken (50 kg je Sack) aufschütten. Vom vielen Regen in letzter Zeit würde sich Peter nicht abschrecken lassen, denn er hat ja eine gute Regenjacke und Gummistiefel.

Fall 4
Tim, 12 Jahre und ein Superass in Mathe, möchte Sascha, einem Schüler der Grundschule, Nachhilfe geben und vereinbart mit den Eltern von Sascha eine Stunde pro Woche. Für seine Mühen bekommt Tim 5,00 €.

Fall 5
Alexandra ist 14 Jahre alt und möchte ihr Taschengeld aufbessern. Aus diesem Grund möchte sie einmal in der Woche die Zeitschrift „Frau im Spiegel" austragen. Ihre Freundin glaubt zu wissen, dass Alexandra dafür noch zu jung sei.

Fall 6
Ingrid, 17 Jahre, ist Auszubildende zur Großhandelskauffrau. Bereits im April war sie für drei Wochen im Urlaub. Im August möchte sie gerne weitere 15 Tage Urlaub bei ihrer Tante in Hamburg machen. Ihr Ausbilder verweigert ihr den Urlaub, weil sie nicht so viel Urlaubsanspruch habe.

Fall 7
Thomas, 17 Jahre, ist Auszubildender in einem Außenhandelsbetrieb. Er hat täglich sechs Pausen à 10 Minuten. Da er gerne mittags zu Hause essen möchte, bittet er seinen Ausbilder, ihm eine Mittagspause von 45 Minuten zu geben. Der Ausbilder verweigert ihm dies.

Fall 8
Rudi arbeitet in einer Bäckerei. Als er 16 Jahre wird, teilt ihm sein Chef mit, dass er ab nächster Woche bereits um 04:00 Uhr zur Arbeit erscheinen soll.

Fall 9
Judith, 16 Jahre, macht eine Ausbildung zur Industriemechanikerin. Gegenüber ihrer Freundin jammert sie: „Die Ausbildung in unserem Betrieb ist voll stressig. Wir müssen schon nach 4 Monaten Akkordarbeit machen!"

Fall 10
Thomas, 17 Jahre, macht eine Ausbildung zum Bäcker. Der Berufsschulunterricht beginnt um 08:15 Uhr. Sein Ausbilder meint: „Da kannst du morgens von 05:00 Uhr bis 07:00 Uhr noch 2 Stunden im Betrieb arbeiten!"

Fall 11
Barbara Bayer (16) macht in den Sommerferien einen Ferienjob bei der FlexBau AG. Ihre Hauptaufgabe besteht darin, die beiden Damen in der Verwaltung zu unterstützen.

Nachfolgend siehst du den Einsatzplan von Barbara für die nächste Woche. Beurteile ihn mithilfe des Jugendarbeitsschutzgesetzes.

FlexBau AG

Einsatzplan

Name: Barbara Bayer **Abt.:** Verwaltung **Kalenderwoche:** 17

Uhrzeit	Montag	Dienstag	Mittwoch	Donnerstag	Freitag	Samstag
05:00 – 06:00						
06:00 – 07:00						
07:00 – 08:00						
08:00 – 09:00						
09:00 – 10:00						
10:00 – 11:00						
11:00 – 12:00		Pause		Pause	Pause	
12:00 – 13:00						
13:00 – 14:00	Pause					
14:00 – 15:00						
15:00 – 16:00			Pause			
16:00 – 17:00						
17:00 – 18:00						
18:00 – 19:00						
19:00 – 20:00						

2.5 Lernsituation 9: Wir vergleichen die Angebote zum Kauf eines T-Shirts

Bei einem Mädelsnachmittag finden Annika und Lena in einem Werbeprospekt des örtlichen Bekleidungsunternehmens zwei fast gleich aussehende T-Shirts, wobei das eine 9,95 € und das andere 29,95 € kostet. Auf das teurere T-Shirt gibt es diese Woche einen Preisnachlass von 15 %.

Beide fragen sich, wodurch dieser extreme Preisunterschied zustande kommt, und vergleichen die Angebote genauer.

Beschreibung der Shirts

Eckdaten T-Shirt 1:
30 % Baumwolle, 70 % Synthetik
hergestellt in Indien
Lieferkosten 4,50 €
Lieferzeit 3 Wochen

Eckdaten T-Shirt 2:
aus Ökobaumwolle
mit Fair-Trade-Siegel
Verpackung zu 100 % recycelbar
Lieferung frei Haus
Lieferzeit 7 Tage

1. Macht euch mit der Situation vertraut, indem ihr euch zunächst orientiert. Betrachtet hierzu die erhaltenen Unterlagen und stellt sicher, dass ihr wisst, was eure Aufgabe ist. **(Orientierung und Information)**
2. Plant euer weiteres Vorgehen, indem ihr euch Gedanken macht, was in dieser konkreten Situation zu tun ist, und notiert diese. **(Planung)**
3. Erstellt eine Checkliste zum Vergleichen von Angeboten und geht dabei auch auf die verschiedenen Kaufkriterien ein.
   (TIPP: Nutzt zum Erstellen der Checkliste ein Textverarbeitungsprogramm.)
4. Sucht in Zeitschriften, Angebotsprospekten oder dem Internet zwei ähnliche Artikel aus und vergleicht sie mithilfe eurer Checkliste. **(Durchführung)**
5. Hängt eure Checklisten an einer Pinnwand oder Tafel auf und vergleicht sie. Prüft insbesondere den Aufbau, den Inhalt sowie die Vollständigkeit und nehmt ggf. Ergänzungen/Veränderungen vor. **(Bewertung)**
6. Überlegt, für welches T-Shirt ihr euch entscheiden würdet und warum. Beantwortet die Frage der Mädels. **(Reflexion)**
7. Bearbeitet die nachfolgenden Übungen zum Angebotsvergleich. **(Vertiefung)**

2.5.1 Angebotsvergleich

Jeder Mensch verfügt über eine Vielzahl an Wünschen. Um sie zu befriedigen, stellen Unternehmen verschiedene Güter her, die sie an die Verbraucher verkaufen. Diese Wünsche und den Drang, ein bestimmtes Gut zu erwerben, suggerieren[5] uns jeden Tag die Werbung im Radio und Fernsehen, aber auch Schaufensterauslagen und Kataloge. Doch können wir mithilfe dieser Medien die Angebote vergleichen und eine Kaufentscheidung herbeiführen? Nein, dies wäre zu einfach. Die Werbung dient vorrangig dazu, uns auf bestimmte Güter aufmerksam zu machen, und spricht eher unsere Gefühle an.

Für einen ersten Vergleich zweier Produkte können lediglich der Preis und das äußere Erscheinungsbild herangezogen werden. Darüber hinaus interessieren uns aber weitere Dinge, bevor wir etwas kaufen, Fragen nach der Beschaffenheit, der Herstellung, der Funktionalität oder der Haltbarkeit. Hier helfen Broschüren der verschiedenen Bundes- und Länderministerien, Testberichte wie beispielsweise von der Stiftung Warentest oder vom Unternehmen bereitgestellte Produktbeschreibungen. Zusätzliche Einflussgrößen auf die Kaufentscheidungen sind die Zahlungs- und Lieferbedingungen eines Unternehmens. Die verschiedenen Einflussgrößen können in ökonomische, ökologische, soziale und ethische Gesichtspunkte eingeteilt werden.

Ökonomische Gesichtspunkte

In der Ökonomie steht die Wirtschaftlichkeit im Vordergrund, das heißt, wie sparsam etwas eingekauft werden kann. Dabei helfen folgende Fragen:

WAS?
Da wir nicht jedes Gut aus der Werbung lebensnotwendig benötigen, sollten wir vorab uns darüber klar werden, was wir alles kaufen wollen. Ein Einkaufszettel kann hier vor spontanen Käufen schützen.

WIE VIEL?
Gerade beim Einkauf von Lebensmitteln sollten wir darauf achten, wie viel wir einkaufen möchten. Oft ergeben sich bei größeren Verpackungseinheiten günstigere Preise oder bestimmte Preisnachlässe, z. B. ein Mengenrabatt. Auch liefern Versandunternehmen beim Kauf einer bestimmten Bestellmenge kostenfrei. Um die gesamten Kosten miteinander vergleichen zu können, benötigen wir das Kalkulationsschema.

WO?
Es ist immer gut, die Preise in mehreren Geschäften zu vergleichen. Der Preis sollte jedoch nicht das ausschlaggebende Argument sein, sondern es sollten auch Freundlichkeit des Personals oder Serviceleistungen des Unternehmens berücksichtigt werden.

WANN einkaufen?
Die Tages- oder Jahreszeit nimmt ebenfalls Einfluss auf den Verkaufspreis. So sollten gerade im Lebensmittelbereich saisonale und regionale Güter bevorzugt werden. In den anderen Branchen können sich Räumungs- oder Schlussverkäufe positiv auf den Geldbeutel auswirken.

Ökologische Gesichtspunkte

Die Ökologie beschäftigt sich mit unserer Umwelt. Unser Ziel ist es dabei, die Ressourcen zu schonen, Natur und Umwelt und die menschliche Gesundheit zu schützen. Doch dieses Ziel steht meist im Konflikt zu den ökonomischen Gesichtspunkten.

Verbraucher sollten bei der Auswahl ihrer Produkte auf eine ressourcenschonende und schadstoffarme Herstellung achten. Jeden Tag werden Tausende Tonnen Lebensmittel und Konsumgüter sowie unzählige Liter von Wasser in einer Großstadt verbraucht.

5 suggerieren bedeutet „versuchen uns einzureden"

Diese Versorgung wird oftmals über Lastkraftwagen gewährleistet, die dabei eine Reihe von Schadstoffen in unsere Umwelt abgeben. Doch nicht nur die Versorgung, sondern auch die Entsorgung bereitet vielen Großstädten ein Problem, da viele Menschen überflüssige Dinge in den Müll entsorgen. Um unsere Welt langfristig zu erhalten, sollten wir auf eine Reduzierung des Abfalls achten, den Müll trennen und wenn möglich Dinge wiederverwerten.

Jeder kennt den Grünen Punkt oder die blaue und die braune Tonne zur Trennung des Abfalls. Durch eine vernünftige Abfalltrennung können die Müllberge reduziert, Stoffe wie Glas und Papier nochmals genutzt und wertvolle Ressourcen geschont werden.

Die Wiederverwertung von Gegenständen wird als Recycling bezeichnet. Das Wort stammt aus dem Englischen und setzt sich aus der Vorsilbe „re" = zurück und dem Wort „cycle" = Kreislauf zusammen und kann mit „etwas wieder in einen Kreislauf zurückführen" übersetzt werden.

Tipps für umweltbewusstes Verhalten in der Schule:
- Keine Mappen und Schultaschen aus Kunststoff verwenden.
- Die Pausenstärkung in Frühstücksboxen einpacken.
- Hefte aus Recyclingpapier verwenden.
- Umweltfreundliche Klebstoffe verwenden.
- Auf Kugelschreiber, Fasermaler und Tintenkiller verzichten.
- Wiederverwendbare Heft- und Buchumschläge verwenden.

Soziale Gesichtspunkte
Regelmäßig berichten Medien über Legebatterien bei Hühnern oder andere Massentierhaltungen. Ebenso häufig werden Skandale wie BSE-Erkrankungen bei Rindern, Schweinepest oder Antibiotika in Tiernahrung bekannt und verunsichern die Verbraucher. Jedoch möchten heutzutage immer mehr Menschen diesem Trend entgegenwirken und achten beim Kauf ihrer Produkte auf eine artgerechte Tierhaltung. Die Kennzeichnung beispielsweise auf Eiern und andere zahlreiche Gütesiegel unterstützen die Menschen bei der Auswahl ihrer Produkte. Einige wichtige Siegel sollen kurz vorgestellt werden:

Lebensmittel, die das deutsche oder das europäische Bio-Siegel tragen, erfüllen die Rechtsvorschriften einer ökologischen Anbauweise und der artgerechten Tierhaltung in Deutschland beziehungsweise der EU.

Die ökologische und natürliche Erzeugung von Trauben, deren Saft, Sekt und Wein, wird mit diesem Siegel bestätigt. Dabei wird auch auf die Vermehrung der Artenvielfalt, die Schaffung von Lebensräumen bedrohter Pflanzen- und Tierarten geachtet.

ECOVIN

Der Blaue Engel ist das älteste Umweltzeichen der Welt und kennzeichnet Produkte aus zahlreichen technischen Bereichen wie Bauen, Büro, Mobilität, Farben, Möbel, Computer, Elektro-Kleingeräte, Papier, etc. Bei der Vergabe des Zeichens wird der gesamte Lebenszyklus des Produktes betrachtet.

DER BLAUE ENGEL
JURY UMWELTZEICHEN
schützt MENSCH UND UMWELT

Produkte, die mit Holz aus einer nachhaltigen Waldwirtschaft hergestellt werden, erhalten das FSC-Siegel.

FSC ®

Für Textilen die umweltfreundlich und schadstoffgeprüft produziert sind, vergibt die Gemeinschaft für Forschung und Prüfung für Textilökologie dieses Siegel.

Das Energie-Label gibt Auskunft über den Energieverbrauch eines Produktes und das TÜV-Siegel wird für Strom, der zu 100 % aus erneuerbaren Quellen gewonnen wird, vergeben.

Ethische Gesichtspunkte
Wir genießen eine Vielzahl an Waren, zum Beispiel Kakao und Kaffee aus Südamerika, Obst aus Südafrika oder Kleidung aus Asien. Selten stellen wir uns die Frage, wie diese Produkte gewonnen und hergestellt werden und welche lange Reise sie hinter sich haben. Doch nicht nur unsere Ressourcen, die Natur und die Tiere müssen geschützt werden, sondern auch die Menschen, die die Produkte herstellen.

Oft leiden diese Menschen, vor allem Kinder, unter der Ausbeutung ihrer Arbeitskraft, ihrer Lebensumgebung und sind bei der Verarbeitung und Gewinnung der Produkte gesundheitlichen Belastungen ausgesetzt. Verschiedene Organisationen bemühen sich um einen „Fair Trade" mit der „Dritten Welt" und haben verschiedene Qualitätskriterien und Siegel entwickelt. (fair, engl. = gerecht; trade, engl. = Handel) Mit dem Kauf von Fair-Trade-Produkten tragen wir zu mehr Gerechtigkeit bei und unterstützen die Lebensbedingungen der Menschen in den Erzeugerländern.

Aus den Erlösen der Produkte, die meist teurer sind, werden auch menschenwürdigere Arbeitsbedingungen geschaffen und Kindern eine Schulausbildung ermöglicht.

Produkte bzw. Läden, die diese Anforderungen erfüllen, erkennen Sie an entsprechenden Zeichen. Sie garantieren den „fairen Handel" und natürlich, dass der Verkaufserlös den Erzeugern der Produkte und nicht den Händlern zugute kommt.

2.5.2 Kalkulationsschema

Um einen Angebotsvergleich durchführen zu können, ist es notwendig, alle Kosten zu berücksichtigen. So müssen neben den Preisnachlässen auch alle zusätzlich anfallenden Kosten berechnet und aufaddiert werden.

Das Kalkulationsschema zieht vom Nettolistenpreis des Verkäufers alle Rabatte, z. B. aufgrund einer großen Bestellmenge oder für Kundentreue, ab und erhält damit den Zieleinkaufspreis. Um auf den Bareinkaufspreis zu gelangen, wird Skonto abgezogen, dies ist ein Nachlass für die vorzeitige Zahlung des Rechnungspreises. Die Rabatte und der Skonto sind in der Regel in einem Prozentsatz gegeben und können mithilfe der Prozentrechnung als Eurobetrag ermittelt werden. Im Anschluss an den Bareinkaufspreis müssen die Bezugskosten, das heißt die Kosten für Verpackung, Transport und Transportversicherung sowie gegebenenfalls Zölle und Einfuhrsteuern, hinzugerechnet werden, um den Bezugspreis zu berechnen. Dieser Preis stellt die Vergleichsbasis zwischen verschiedenen Angeboten dar.

Du möchtest dir einen Rucksack bei der Firma Wanderlust AG auf Rechnung bestellen und erhältst folgendes Angebot:

Der Listeneinkaufspreis für den Rucksack beträgt 40,00 € zzgl. Mehrwertsteuer. Aufgrund des Geschäftsjubiläums wird dir ein Rabatt von 10 % gewährt. Weitere 3 % bekommst du, weil deine Eltern gute Kunden bei der Firma Wanderlust AG sind. Für die Verpackung fallen 1,50 € und für den Transport 3,40 € an. Bezahlst du deine Rechnung innerhalb von 7 Tagen nach Lieferung, kannst du 2 % Skonto abziehen.

Listenpreis	40,00 €
- Rabatte	- 5,20 €
= Zieleinkaufspreis	= 34,80 €
- Skonto	- 0,70 €
= Bareinkaufspreis	= 34,10 €
+ Bezugskosten	+ 4,90 €
= Bezugspreis	**= 39,00 €**

2.5.3 Prozentrechnung

Die Prozentrechnung dient zum Vergleich verschiedener Zahlen. Prozent (per centrum, lat. = pro Hundert) hat die Vergleichszahl 100 und wird abgekürzt mit dem Zeichen „%". Die Berechnung erfolgt analog dem Dreisatz mit geradem Verhältnis.

Dir liegen zwei Rechnungen mit unterschiedlichen Preisen vor. Du darfst von beiden Rechnungen 15 % Rabatt abziehen und fragst dich nun, wie viel dies in Euro beträgt:

Rechnung 1: 450,00 €
Rechnung 2: 500,00 €

Berechnung:
100 % = Rechnungsbetrag
Rabatt in % = x in Euro

$$x = \frac{\text{Rechnungsbetrag} \times \text{Rabatt in Prozent}}{100}$$

Rechnung 1	Rechnung 2
100 % = 450,00 € 15 % = x	100 % = 500,00 € 15 % = x
$x = \frac{450\text{ €} \times 15\,\%}{100}$ = 67,50 €	$x = \frac{500\text{ €} \times 15\,\%}{100}$ = 75,00 €

Lösung: Bei Rechnung 1 ergibt sich ein Rabatt von 67,50 €, während sich bei Rechnung 2 mit gleichen Prozentsatz 75,00 € Rabatt ergeben.

Durch Aufstellung des Dreisatzes können bei abweichenden Bezugsgrößen auch der Rechnungsbetrag oder der Prozentsatz des Rabattes berechnet werden.

Aufgaben zur Lernsituation 9

Aufgabe 1
Ein Handy wurde im Preis um 15 % herabgesetzt. Wie viel € sind das, wenn es bisher 82,00 € kostete?

Aufgabe 2
Frau Dr. Schmidt erhält eine Nachricht der Wartungsfirma. In dieser wird ihr mitgeteilt, dass die Gebühren ab nächsten Monat um 5,5 % angehoben werden. „Das sind bei Ihnen lediglich 9,90 €", heißt es in dem Schreiben. Wie hoch war die Wartungsgebühr bisher?

Aufgabe 3
Ein Möbelmarkt bestellt Couchgarnituren im Wert von 124 000,00 € ohne Umsatzsteuer.
Wie viel € beträgt die Umsatzsteuer bei einem Steuersatz von 19 %?

Aufgabe 4
In einer Warensendung von 750 Reagenzgläsern befinden sich 6 zerbrochene Gläser.
Wie viel Prozent sind das?

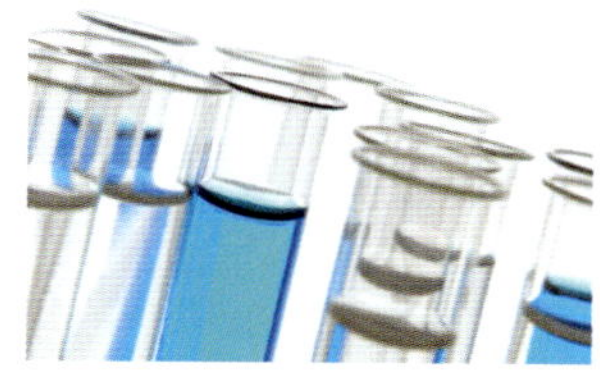

Aufgabe 5
Du hast zwei Angebote zum Kauf eines Schrankes vorliegen:
- **Angebot I: Listenpreis 422,00 € je Stück, 6 % Rabatt.**
- **Angebot II: Listenpreis 419,80 € je Stück, 5 % Rabatt.**

Welches der beiden Angebote ist günstiger?

Aufgabe 6
Ein medizinisches Fachbuch kostet 48,30 €. Früher betrug der Preis 42,00 €.
Wie viel Prozent beträgt die Erhöhung?

Vergleicht die Angebote und entscheidet euch für einen Lieferanten.

Aufgabe 7
Die Kelterei Hans Richter, die sich auf die Herstellung von Fruchtsäften spezialisiert hat, möchte ihren Abnehmern auch Saftflaschen mit eigenem Firmenlogo verkaufen. Es werden wöchentlich 6 000 Flaschen verkauft. Zwei Angebote liegen der Kelterei vor:

Lieferant A	Lieferant B
pro Flasche 1,35 €, 12 % Rabatt und 2 % Skonto wöchentliche Bezugskosten: Verpackung 155,00 €, Fracht 300,00 € und Transportversicherung 65,00 €	pro Kasten 24 Flaschen, Kasten 28,40 € Lieferung frei Haus[6]

Aufgabe 8

Hausmitteilung vom 13. April 20XX

Hallo, Auszubildende(r),
du weißt doch, dass wir uns dazu entschlossen haben, Biomehl in unser Sortiment aufzunehmen. Aus diesem Grund haben wir auch einige Lieferanten um Angebote für das Biomehl gebeten, von denen wir inzwischen drei interessante Angebote erhalten haben.

Natürlich haben wir auch schon alle unsere Kunden angeschrieben und die Rückmeldungen sind echt Spitzenklasse. Viele unserer Kunden haben bereits Bestellungen geschickt. Die ersten Auslieferungen sollen bereits in der nächsten Woche erfolgen.

Jetzt haben wir aber ein Problem. Dein Abteilungsleiter Herr Böhm ist leider krank und hat vergessen, jemanden zu beauftragen, die Angebote genauer anzuschauen.
Also, auf, an die Arbeit: Wir benötigen insgesamt 25 Tonnen Biomehl.

→

6 Lieferung frei Haus bedeutet, es fallen keine Kosten für die Verpackung und Lieferung an.

Räuber Mühle KG

Räuber Mühle KG, Oberndorfer Str. 23, 83134 Mühltal

Frisch & Lecker OHG
Industriestraße 44
97424 Schweinfurt

Ihr Zeichen: fr/mü
Ihre Nachricht: 07.04.20XX
Unser Zeichen: teu
Unsere Nachricht:

Name: Paul Teubert
Telefon: 08036 9954-14
Telefax: 08036 9954-10
E-Mail: teubert@raeubermuehle.de

Datum: 10.04.20XX

Angebot
Kunden-Nr. 240077

Sehr geehrter Herr Frisch,

wir danken für Ihr Interesse an unseren Produkten.

Gern unterbreiten wir Ihnen folgendes Angebot:

Bio-Weizenmehl M 480 Premium **1,30 € netto je kg-Sack**

Die Lieferung erfolgt „frei Haus Schweinfurt". Sollten Sie mehr als 10 Tonnen bestellen, erhalten Sie einen Rabatt von 10 %. Bei einer Bestellung von mehr als 20 Tonnen gewähren wir Ihnen sogar 15 % Rabatt.

Wir liefern innerhalb von 14 Tagen ab Bestelldatum.

Wir hoffen, dass unser Angebot Ihren Vorstellungen entspricht und freuen uns auf Ihre Bestellungen.

Mit freundlichen Grüßen

Räuber Mühle KG

ppa. Paul Teubert

Paul Teubert
Geschäftsführer

Telefon: 08036 9954-0
Fax: 08036 9954-10
E-Mail: info@raeubermuehle.de
Internet: www.raeubermuehle.de

Geschäftsführer: Paul Teubert
Amtsgericht Traunstein, HRA 11918
St.-Nr.: 139/185/94457
USt-IdNr.: DE634958771

Bankverbindu
Postbank Mün
IBAN: DE03 7
BIC: PBNKD

Biogut Merz e. K.

Biogut Merz e. K. • Dorfgasse 8 • 83098 Brannenburg

Frisch & Lecker OHG
Industriestraße 44
97424 Schweinfurt

Ihr Zeichen: fr/mü
Ihre Nachricht: 07.04.20XX
Unser Zeichen: bo/ha
Unsere Nachricht:

Ihr Ansprechpartner:
Telefon: 08034 366-27
Telefax: 08034 366-20
E-Mail: p.bosch@biomerz.eu

Datum: 10.04.20XX

Angebot – Kundennummer 240021

Sehr geehrter Herr Frsich,

vielen Dank für das Interesse an unseren Produkten. Hiermit übersenden wir Ihnen folgendes Angebot:

Art.-Nr. 6145 Bio Weizenmehl M 480 Premium 1.350,00 € netto je Tonne

Die Ware ist auf Paletten zu je 1 Tonne verpackt. Wir berechnen Ihnen für den Transport 35,00 € netto je Palette.

Sollten Sie insgesamt mehr als 20 Tonnen bestellen, erhalten Sie einen Rabatt von 20 %. Bei Zahlung innerhalb 10 Tagen erhalten Sie 3 % Skonto, innerhalb 30 Tagen ohne Skonto. Die Lieferung erfolgt innerhalb von 10 Tagen ab Bestelldatum.

Wir hoffen, dass unser Angebot Ihren Vorstellungen entspricht und freuen uns auf Ihre Bestellungen.

Mit freundlichen Grüßen

Biogut Merz e. K.

ppa. Paul Bosch

Paul Bosch
Geschäftsführer

Bankverbindung: Commerzbank Rosenheim
IBAN: DE07 7118 0005 0000 2205 50
BIC: DRESDEFF711
Geschäftsführer: Paul Bosch

Mühle Münch AG
Darmstadt

Mühle Münch AG • Im Grund 22 • 60502 Darmstadt

Frisch & Lecker OHG
Industriestraße 44
97424 Schweinfurt

Kunden-Nr. 240334
Unser Zeichen: MM
Ihr Zeichen: fr/mü

Angebot Nr.: 5222A

Datum: 10.04.20XX

Angebot

Sehr geehrter Herr Frisch,

vielen Dank für Ihre freundliche Anfrage und Ihr Interesse an unseren Produkten.

Wir übersenden Ihnen folgendes Angebot:

Art.-Nr. MM, Bio Weizenmehl MM 33 A-Qualität je kg-Sack 1,10 € netto

Bei Zahlung innerhalb 10 Tagen erhalten Sie 2 % Skonto, Lieferung erfolgt frei Haus innerhalb einer Woche ab Bestelldatum.

Wir hoffen, unser Angebot sagt Ihnen zu und freuen uns auf Ihre Bestellung.

Mit freundlichen Grüßen

Mühle Mönch AG

ppa. Manfred Münch

Manfred Münch
Geschäftsführer

Lernbereich 2.2: Kaufverträge abschließen

Kapitel 3

3 Lernbereich 2.2: Kaufverträge abschließen

Kompetenzerwartungen
Die Schülerinnen und Schüler

- schließen im Rahmen ihrer rechtlichen Möglichkeiten persönlich Kaufverträge ab.
- übernehmen Verantwortung für ihre Kaufentscheidungen. Dazu sind sie sich ihrer Verpflichtungen und Rechte aufgrund der von ihnen abgeschlossenen Verträge bewusst. Bei Fehlkäufen nutzen sie Möglichkeiten, die ihnen ihre Vertragspartner freiwillig gewähren, z. B. Kulanz.
- vermeiden im Internet unbeabsichtigte Kaufvertragsabschlüsse, indem sie z. B. Internetangebote kritisch hinsichtlich möglicher Kostenfallen überprüfen.
- schließen Kaufverträge im Internet ab und nehmen ihre besonderen Rechte beim Internetkauf wahr.
- ordnen eine eingehende Rechnung ihrer Bestellung zu.
- überprüfen bei Barzahlung das Wechselgeld durch Kopfrechnen.

3.1 Lernsituation 10: Wir lernen rechtliche Grundlagen kennen

Lena war mit ihrer Klasse auf einer Klassenfahrt in München. Neben dem Besuch des Deutschen Museums blieb noch genügend Zeit für eine Shopping-Tour in der Innenstadt.

Am Abend wieder zu Hause angekommen, präsentiert sie ihrer Mutter stolz ihre neueste Errungenschaft.

Mutter: Na, und wie war euer Ausflug nach München?

Lena: Klasse, na ja, das Museum ging so; aber wir hatten danach ja noch fast drei Stunden Zeit zur freien Verfügung. Und da haben meine Freundinnen und ich gleich mal einige Geschäfte in der Münchener Innenstadt durchstöbert. Und schau mal her, ich habe mir ein neues Smartphone gekauft.

Mutter: Wie bitte?? Zeig mal her.

Hinter & Listig GmbH
Computerfachhandel

Hinter & Listig GmbH • Industriestraße 27 • 80333 München

Frau
Maria Zimmermann
Hauptstraße 56
83024 Rosenheim

Rechungsdatum: 21.06.20XX
Auftragsdatum: 21.06.20XX
Kunde: 240001

Rechnungs-Nr.: HL20XX-2568

Lieferdatum: 21.06.20XX
Lieferbedingung: frei Haus

Rechnung/Lieferschein

Pos.	Art.-Nr.	Artikelbezeichnung	Menge	Einzelpreis (€)	Rabatt	Gesamtpreis (€)
1	3579	Apple iPhone 5s	1	502,52		502,52

Anzahlung über 200,00 € dankend erhalten
i. A. Marion Fuchs

Warenwert netto	502,52
Umsatzsteuer 19 %	95,48
Rechnungsbetrag	**598,00**

Zahlungsbedingung:
Bei Zahlung innerhalb 14 Tagen 2 % Skonto, innerhalb von 30 Tagen ohne Abzug

Mutter: Oh nein, mein Kind. Ohne uns zu fragen? Das schicken wir gleich morgen früh wieder zurück.

Lena: Das geht nicht, Mama. Ich hab das schon gekauft. Und 200,00 € habe ich doch auch schon angezahlt. Alles von meinem Taschengeld. Und du hast selbst einmal gesagt, ich kann damit machen, was ich will. Und den Rest bezahle ich von dem Geld, das Oma mir zum Geburtstag geschenkt hat.

Mutter: Vergiss es, liebe Tochter. Du bist erst 13, und da bestimmen immer noch wir, ob du dir so ein Smartphone kaufen darfst.

1. Macht euch mit der Situation vertraut, indem ihr euch zunächst orientiert: Betrachtet hierzu die erhaltenen Unterlagen zur Rechts- und Geschäftsfähigkeit und stellt sicher, dass ihr genau wisst, was eure Aufgabe ist. **(Orientierung und Information)**
2. Plant euer weiteres Vorgehen, indem ihr euch Gedanken macht, was in dieser konkreten Situation zu tun ist, und notiert diese. **(Planung)**
3. Entwerft ein übersichtliches Mindmap zum Thema „Rechtliche Grundlagen". Nehmt insbesondere unter eurer Mindmap zur konkreten Situation Stellung. **(Durchführung)**
4. Präsentiert eure Ergebnisse und diskutiert sie im Plenum. Nehmt ggf. Änderungen/Ergänzungen vor. Findet einen Lösungsvorschlag, damit Lena ihr Handy vielleicht doch behalten kann. **(Bewertung und Reflexion)**
5. Bearbeitet die Übungs- und Vertiefungsaufgaben. **(Vertiefung)**.

Rechtliche Grundlagen

Die Gesamtheit aller in einem Staat geltenden Rechtsvorschriften ist die **Rechtsordnung** des Staates. Die handelnden Personen in einer Rechtsordnung sind die **Rechtssubjekte.** Rechtssubjekte sind

<table>
<tr><th>Natürliche Personen</th><th colspan="2">Juristische Personen</th></tr>
<tr><td rowspan="2">... sind alle Menschen. Sie erlangen ihre Rechtsfähigkeit durch Geburt und verlieren sie wieder durch den Tod.
</td><td colspan="2">... sind künstliche Rechtsgebilde in Form von Personenvereinigungen oder Vermögensmassen, die über ihre Organe (z. B. Geschäftsführer, Vorstandsmitglieder, Vermögensverwalter, Bundesregierung) genauso am Rechtsleben teilnehmen können wie Menschen.</td></tr>
<tr><td>Juristische Personen des Privatrechts
z. B. Aktiengesellschaften (AG), Gesellschaften mit beschränkter Haftung (GmbH), eingetragene Vereine (e. V.), Genossenschaften und private Stiftungen.
Sie erlangen ihre Rechtsfähigkeit durch Eintragung in ein Register (z. B. Handelsregister) bzw. durch behördliche Genehmigung und verlieren ihre Rechtsfähigkeit durch Eintragung der Löschung im entsprechenden Register bzw. Aufhebung der Genehmigung.

</td><td>Juristische Personen des öffentlichen Rechts
z. B. öffentliche Körperschaften (Bund, Länder, Gemeinden), öffentliche Einrichtungen (z. B. öffentliche Schulen, Arbeitsagenturen), Kammern (z. B. IHK, Handwerkskammer) und öffentliche Stiftungen (z. B. Deutsche Studienstiftung). Sie erlangen ihre Rechtsfähigkeit durch Verleihung oder durch ein Gesetz.

</td></tr>
</table>

Alle Rechtssubjekte können *Träger von Rechten und Pflichten* sein und besitzen damit die **Rechtsfähigkeit.**

Rechte und Pflichten entstehen entweder unmittelbar durch Gesetz oder durch ein Rechtsgeschäft. Die für alle privaten Rechtsgeschäfte geltenden Voraussetzungen sind in den §§ 104 bis 185 BGB (Bürgerliches Gesetzbuch) geregelt.

Jedes Rechtsgeschäft erfordert als wesentlichen Teil mindestens eine Willenserklärung, das heißt eine auf eine Rechtswirkung gerichtete Willensäußerung. Die Willenserklärung kann dabei auf verschiedene Arten abgegeben werden:

Art	Beispiel
Mündliche Erklärung 	– Telefonische Bestellung einer Pizza – Einkaufen in einem Geschäft
Schriftliche Erklärung 	– Unterschrift unter dem Ausbildungsvertrag – Schriftliche Kündigung – Schriftliches Testament
Schlüssiges Handeln 	– Heranwinken eines Taxis – Handheben bei einer Versteigerung – Einsteigen in den Bus oder die Bahn – Wegnehmen der Zeitschrift am Kiosk
Schweigen 	– Gilt nur unter Kaufleuten als Zustimmung, bei Privatpersonen als Ablehnung.

Es gibt Rechtsgeschäfte, die man ohne Mitwirkung eines anderen vornehmen kann, z. B. die Kündigung eines Vertrages oder die Errichtung eines Testaments. Andere Rechtsgeschäfte kommen nur zustande, wenn mehrere zusammenwirken. Das ist der Fall beim Vertrag. In einem Vertrag übernimmt jeder Beteiligte eine Verpflichtung (z. B. Kaufvertrag: Ich verpflichte mich zu zahlen, wenn und weil du dich verpflichtest zu liefern).

Rechtsgeschäfte

<table>
<tr><td colspan="2">Einseitige Rechtsgeschäfte
d. h., für die Wirksamkeit des Rechtsgeschäftes ist nur die Willenserklärung einer Person notwendig</td><td colspan="2">Mehrseitige Rechtsgeschäfte
d. h., für die Wirksamkeit des Rechtsgeschäftes sind mindestens zwei übereinstimmende Willenserklärungen notwendig</td></tr>
<tr><td>empfangsbedürftig
d. h., das Rechtsgeschäft wird erst dann wirksam, wenn die Willenserklärung in den Verfügungsbereich des Empfängers gelangt</td><td>nicht empfangsbedürftig
d. h., das Rechtsgeschäft wird schon mit der Abgabe der Willenserklärung wirksam</td><td>einseitig verpflichtend
d. h., nur ein Vertragspartner verpflichtet sich zu einer Leistung</td><td>mehrseitig verpflichtend
d. h., alle Vertragspartner verpflichten sich zu einer Leistung</td></tr>
<tr><td>– Kündigung
– Mahnung
– Erteilung einer Vollmacht</td><td>– Testament
– Auslobung[7]</td><td>– Schenkungsversprechen
– Bürgschaft</td><td>– Kaufvertrag
– Mietvertrag</td></tr>
<tr><td>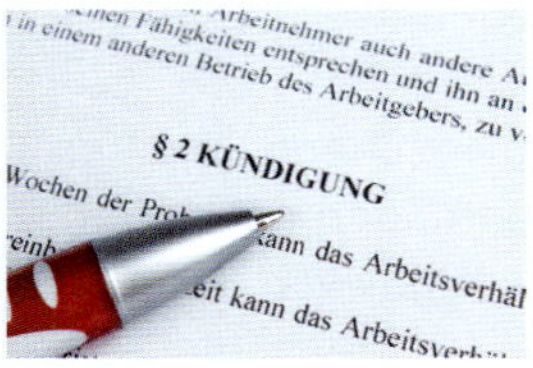
</td><td>
</td><td>
</td><td>
</td></tr>
</table>

Die Fähigkeit, Willenserklärungen rechtswirksam abgeben und entgegennehmen (empfangen) zu können, bezeichnet man als die **Geschäftsfähigkeit.** Während alle juristischen Personen mit Erlangen ihrer Rechtsfähigkeit gleichzeitig unbeschränkt geschäftsfähig sind, erwerben natürliche Personen ihre Geschäftsfähigkeit in drei Stufen. Dadurch werden Kinder, Jugendliche und geistig schwache Menschen vor unüberlegten Rechtshandlungen geschützt.

Geschäftsunfähigkeit (§ 104 BGB)

- Alle natürlichen Personen unter sieben Jahren
- Personen mit andauernder krankhafter Störung der Geistestätigkeit

Folge	Willenserklärungen von Geschäftsunfähigen sind nichtig (= unwirksam). Daraus folgt, dass sie auch keine rechtswirksamen Verpflichtungen eingehen können. Somit kommt auch kein Rechtsgeschäft zustande.
Ausnahme	Handelt eine geschäftsunfähige Person nur als Bote, überbringt sie nur die Willenserklärung ihres Auftraggebers. Geschäftsunfähige handeln in diesem Fall als Erfüllungsgehilfe ihres Auftraggebers. Beispiel: Die Mutter schickt ihre fünfjährige Tochter Lisa zum Bäcker, um fünf Brötchen zu kaufen. Sie gibt ihr einen Einkaufszettel und abgezähltes Geld mit. In diesem Fall ist Lisa Bote, der Kaufvertrag kommt zwischen der Mutter und dem Bäcker zustande.

7 Die Auslobung ist im § 657 BGB geregelt: „Wer durch öffentliche Bekanntmachung eine Belohnung für die Vornahme einer Handlung, insbesondere für die Herbeiführung eines Erfolges, aussetzt, ist verpflichtet, die Belohnung […] zu entrichten."

Beschränkte Geschäftsfähigkeit (§ 106 BGB)

Alle natürlichen Personen vom vollendeten siebten bis zum vollendeten 18. Lebensjahr

Folge	Willenserklärungen von beschränkt Geschäftsfähigen sind bis zur Zustimmung des gesetzlichen Vertreters schwebend unwirksam. Daraus folgt, dass Rechtsgeschäfte von beschränkt Geschäftsfähigen erst mit der nachträglichen Genehmigung der gesetzlichen Vertreter wirksam werden. Verweigert der gesetzliche Vertreter seine Zustimmung, so ist das Rechtgeschäft nichtig.
Ausnahme	In einigen Fällen ist die Zustimmung des gesetzlichen Vertreters nicht erforderlich: – „Taschengeldparagraf" § 110 BGB Bestreitet der beschränkt Geschäftsfähige das Rechtsgeschäft mit Mitteln, die ihm zu diesem Zweck zur freien Verfügung überlassen worden sind[8], so ist das Rechtsgeschäft gültig. Nicht gedeckt durch den Taschengeldparagrafen sind Rechtsgeschäfte, die zukünftige Verpflichtungen beinhalten (Ratenkäufe, Kreditgeschäfte). Beispiel: Der 17-jährige Nico kauft sich von seinem Taschengeld eine Hip-Hop-CD. Obwohl seine Eltern damit überhaupt nicht einverstanden sind, ist der Kaufvertrag gültig. Beispiel: Die 16-jährige Katharina kauft sich von ihrem Taschengeld einen gebrauchten Roller. Da dieser Kauf zukünftige Verpflichtungen nach sich zieht (Versicherung, Sprit etc.), ist die Wirksamkeit des Kaufs von der Genehmigung der Eltern abhängig. – Rechtlicher Vorteil § 107 BGB Erlangt der beschränkt Geschäftsfähige nur einen rechtlichen Vorteil, wie z. B. bei einer Schenkung, so ist das Rechtgeschäft gültig. Beispiel: Die 12-jährige Anna erhält von ihrer Tante zum Geburtstag 500,00 €. Auch wenn ihre Eltern nicht damit einverstanden sind, darf Anna das Geld behalten. Anders wäre der Fall, wenn die Tante ihre Schenkung an eine Bedingung knüpft (z. B. jede Woche einmal Rasen mähen). Dann fehlt der rechtliche Vorteil, und die Wirksamkeit des Rechtsgeschäfts wäre von der Genehmigung der Eltern abhängig. – Selbstständiger Betrieb eines Erwerbsgeschäftes § 112 BGB Ermächtigt der gesetzliche Vertreter mit Genehmigung des Vormundschaftsgerichts den beschränkt Geschäftsfähigen zum selbstständigen Betrieb eines Erwerbsgeschäftes, so ist dieser für alle Rechtsgeschäfte, die der gewöhnliche Geschäftsbetrieb mit sich bringt, voll geschäftsfähig. Beispiel: Der 17-jährige Marcel betreibt mit Genehmigung der Eltern und des Vormundschaftsgerichts einen kleinen Copyshop. Er darf selbstständig das Kopierpapier kaufen. – Rechtsgeschäfte im Rahmen eines Arbeits- oder Dienstverhältnisses § 113 BGB Auch Rechtsgeschäfte im Rahmen eines Arbeits- oder Dienstverhältnisses, das der gesetzliche Vertreter genehmigt hat, sind wirksam. Nach dem Gesetz gilt diese Regelung allerdings nicht für ein Ausbildungsverhältnis. Beispiel: Der 16-jährige Schüler Max hat mit Zustimmung der Eltern einen Ferienjob bei der Mühle Mahler AG. Er darf selbstständig Rechtsgeschäfte tätigen, die mit diesem Arbeitsvertrag zusammenhängen (Arbeitsmittel bzw. Arbeitskleidung kaufen, Konto eröffnen).

8 Zur Höhe des Taschengeldes vgl. Lernsituation 5

Unbeschränkte Geschäftsfähigkeit

Alle natürlichen Personen ab dem 18. Lebensjahr

Folge	Erklärungen von unbeschränkt Geschäftsfähigen sind voll wirksam.

Rechts- und Geschäftsfähigkeit (Auszug aus dem BGB)

§ 104 Geschäftsunfähigkeit
Geschäftsunfähig ist:
1. wer nicht das siebente Lebensjahr vollendet hat,
2. wer sich in einem die freie Willensbestimmung ausschließenden Zustand krankhafter Störung der Geistestätigkeit befindet, sofern nicht der Zustand seiner Natur nach ein vorübergehender ist.

§ 105 Nichtigkeit der Willenserklärung
(1) Die Willenserklärung eines Geschäftsunfähigen ist nichtig.
(2) Nichtig ist auch eine Willenserklärung, die im Zustand der Bewusstlosigkeit oder vorübergehender Störung der Geistestätigkeit abgegeben wird.

§ 105a Geschäfte des täglichen Lebens
Tätigt ein volljähriger Geschäftsunfähiger ein Geschäft des täglichen Lebens, das mit geringwertigen Mitteln bewirkt werden kann, so gilt der von ihm geschlossene Vertrag in Ansehung von Leistung und, soweit vereinbart, Gegenleistung als wirksam, sobald Leistung und Gegenleistung bewirkt sind. Satz 1 gilt nicht bei einer erheblichen Gefahr für die Person oder das Vermögen des Geschäftsunfähigen.

§ 106 Beschränkte Geschäftsfähigkeit Minderjähriger
Ein Minderjähriger, der das siebente Lebensjahr vollendet hat, ist nach Maßgabe der §§ 107 bis 113 in der Geschäftsfähigkeit beschränkt.

§ 107 Einwilligung des gesetzlichen Vertreters
Der Minderjährige bedarf zu einer Willenserklärung, durch die er nicht lediglich einen rechtlichen Vorteil erlangt, der Einwilligung seines gesetzlichen Vertreters.

§ 108 Vertragsschluss ohne Einwilligung
(1) Schließt der Minderjährige einen Vertrag ohne die erforderliche Einwilligung des gesetzlichen Vertreters, so hängt die Wirksamkeit des Vertrags von der Genehmigung des Vertreters ab.
[...]

§ 110 Bewirken der Leistung mit eigenen Mitteln
Ein von dem Minderjährigen ohne Zustimmung des gesetzlichen Vertreters geschlossener Vertrag gilt als von Anfang an wirksam, wenn der Minderjährige die vertragsmäßige Leistung mit Mitteln bewirkt, die ihm zu diesem Zweck oder zu freier Verfügung von dem Vertreter oder mit dessen Zustimmung von einem Dritten überlassen worden sind.

§ 111 Einseitige Rechtsgeschäfte
Ein einseitiges Rechtsgeschäft, das der Minderjährige ohne die erforderliche Einwilligung des gesetzlichen Vertreters vornimmt, ist unwirksam [...]

§ 112 Selbstständiger Betrieb eines Erwerbsgeschäfts
(1) Ermächtigt der gesetzliche Vertreter mit Genehmigung des Vormundschaftsgerichts den Minderjährigen zum selbstständigen Betrieb eines Erwerbsgeschäfts, so ist der Minderjährige für solche Rechtsgeschäfte unbeschränkt geschäftsfähig, welche der Geschäftsbetrieb mit sich bringt. Ausgenommen sind Rechtsgeschäfte, zu denen der Vertreter der Genehmigung des Vormundschaftsgerichts bedarf.
(2) Die Ermächtigung kann von dem Vertreter nur mit Genehmigung des Vormundschaftsgerichts zurückgenommen werden.

§ 113 Dienst- oder Arbeitsverhältnis
(1) Ermächtigt der gesetzliche Vertreter den Minderjährigen, in Dienst oder in Arbeit zu treten, so ist der Minderjährige für solche Rechtsgeschäfte unbeschränkt geschäftsfähig, welche die Eingehung oder Aufhebung eines Dienst- oder Arbeitsverhältnisses der gestatteten Art oder die Erfüllung der sich aus einem solchen Verhältnis ergebenden Verpflichtungen betreffen. Ausgenommen sind Verträge, zu denen der Vertreter der Genehmigung des Vormundschaftsgerichts bedarf.
(2) Die Ermächtigung kann von dem Vertreter zurückgenommen oder eingeschränkt werden.

Aufgaben zur Lernsituation 10

Aufgabe 1
Ordne folgende Positionen dem richtigen Bereich zu.

	Natürliche Person	Juristische Person	Keine Person
Auszubildender Marco Friedrich (17 Jahre)			
Hugo, Berner-Sennen-Rüde			
Skatklub „Halb Elf"			
Naturfreunde „Wiesengrund e. V."			
Klasse 7a			
Freistaat Bayern			
FlexBau Aktiengesellschaft			
Motorradklub „Gold Wing"			

(Tipp: Bearbeitet die Fälle mithilfe des Schulbuches und des Gesetzestextes.)

Aufgabe 2
Martha Mustermann (84 Jahre alt) möchte ihr gesamtes Vermögen ihrem Lieblingsurenkel Julian (1 Jahr alt) schenken. Die Familie glaubt: „Der ist doch noch viel zu jung. Das geht doch gar nicht!"

Aufgabe 3
Der 6-jährige Moritz erhält von seinem Onkel 20,00 €. Sein Onkel möchte seinen Beitrag leisten, dass sich Moritz ein neues Fahrrad kaufen kann. Doch Moritz setzt einen Teil des Geldes gleich um und kauft Süßigkeiten. Seine Mutter ist damit überhaupt nicht einverstanden und fordert das Geld vom Verkäufer zurück.

Aufgabe 4
Der 17-jährige Tommi erhält von seinen Eltern monatlich 100,00 € Taschengeld. Er kauft bei einem Händler einen gebrauchten Roller für 1.200,00 € und vereinbart monatliche Raten von 80,00 €. Seine Eltern sind damit nicht einverstanden.

Aufgabe 5
Maik (6 Jahre) hat zu seinem Geburtstag von seiner Oma 20,00 € geschenkt bekommen. Da er ein besonders cleverer Junge ist, kauft er davon auf dem Weg zum Kindergarten ein Spielzeugauto für 7,20 €.

Aufgabe 6
Am nächsten Tag wird Maik von seiner Mutter mit einem Einkaufszettel und 10,00 € zum Bäcker geschickt. Er gibt der Verkäuferin in der Bäckerei den Einkaufszettel, erhält die entsprechende Ware und bezahlt sie.

Aufgabe 7
Julia Förster (17 Jahre) möchte sich unbedingt einen Roller kaufen. Als ihre Eltern dies ablehnen, denkt sie: Ich brauche euch doch gar nicht. Dann gehe ich halt alleine los und kaufe mir den Roller.

Aufgabe 8
Dominik (12 Jahre) bekommt von einer Tante 200,00 € geschenkt. Seine Eltern meinen: „Von der lassen wir uns nichts schenken!", und verlangen, dass Dominik das Geld zurückgibt.

Aufgabe 9
Julia geht für eine Woche auf eine Sprachreise nach London. Kurz vor der Abreise kauft Julia sich von ihrem Taschengeld einen Reiseführer von London für 9,90 €. Da ihre Schwester Kristin bereits in London war, haben die Försters schon einen Reiseführer. Sie möchten daher den gekauften Reiseführer wieder zurückgeben.

Aufgabe 10
Dominik (16 Jahre) hat einen Ferienjob bei der FlexBau AG mit der Zustimmung seiner Eltern angenommen. Nun möchte er ein eigenes Konto eröffnen, damit die FlexBau AG den Lohn überweisen kann.

Aufgabe 11
Julia kennt sich hervorragend in der EDV und im Internet aus. Deshalb gründet sie mit Zustimmung ihrer Eltern und des Vormundschaftsgerichts ein Unternehmen und erstellt Internetseiten. Muss Julia ihre Eltern fragen, wenn sie einen neuen Drucker für 89,90 € für ihren Geschäftsbetrieb kaufen möchte?

Aufgabe 12
Kristin (18 Jahre) kauft sich einen flotten Porsche. Als sie die erste Rechnung für die Autoversicherung erhält, erschrickt sie über die Höhe der Versicherungsprämie. Wenn sie gewusst hätte, wie hoch die Unterhaltskosten sind, hätte sie sich den Porsche nie gekauft. Kann Kristin unter Berufung auf ihre Unerfahrenheit den Kauf des Porsches rückgängig machen?

3.2 Lernsituation 11: Wir schließen einen Kaufvertrag ab

Lenas ältere Schwester Lisa (18) hat an einem Tanzkurs in ihrer Schule teilgenommen. Nun rückt der Tag des Abschlussballes immer näher. Aber was anziehen? Bei solch einem Anlass möchte man natürlich elegant aussehen. Doch auch nach mehrmaligem Durchstöbern ihres Kleiderschrankes findet sie kein passendes Outfit. Also bleibt ihr nur noch eine Lösung: Ein neues, elegantes Abendkleid muss her.

Aus diesem Grund macht sie sich am Nachmittag gleich auf den Weg ins „Marions – Mode für die Frau", ein kleines Geschäft in der Stadtgalerie.

Nach dem Probieren von mehreren eleganten Abendkleidern ist sie zwischen zwei hin- und hergerissen.

Verkaufsberaterin: Haben Sie schon eine Wahl getroffen?

Lisa: Ich kann mich nicht entscheiden. Besteht bei Ihnen die Möglichkeit, die beiden Kleider zurückzulegen? Ich möchte es noch mit meiner Mutter besprechen und würde Ihnen dann spätestens morgen früh Bescheid geben.

Verkaufsberaterin: Ja, klar geht das.

Lisa: Vielen Dank, bis spätestens morgen dann.

Zu Hause bespricht Lisa ihr „Problem" mit der Mutter. Nach längerem Hin und Her und nach langer Überlegung entscheidet sie sich für das rote Abendkleid mit dem „Glockensaum". Sofort ruft sie bei „Marions – Mode für die Frau" an:

Verkaufsberaterin: Marions Mode für die Frau, Schneider am Apparat, guten Tag.

Lisa: Ja, hallo, Frau Schneider, hier ist Lisa Zagerl. Ich habe zwei Abendkleider bei Ihnen zurücklegen lassen.

Verkaufsberaterin: Ja, ich erinnere mich. Haben Sie sich etwa schon entschieden? Das ging ja schnell.

Lisa: Ja, habe ich. Ich nehme das rote Abendkleid mit dem Glockensaum.

Verkaufsberaterin: Sehr gute Wahl, Frau Zagerl. Ich mache dann so weit alles zurecht. Sie können das Kleid morgen abholen.

Lisa: Vielen Dank noch mal. Bis morgen.

Am nächsten Morgen möchte Lisa ihr rotes Abendkleid abholen und bezahlen. Auf dem Weg zur Stadtgalerie kommt sie auch am Bekleidungsgeschäft Bauer vorbei. Sofort sticht ihr ein grünes Abendkleid in der Schaufensterauslage in die Augen.

Wow, das ist es, denkt sie, das muss ich haben. Und 20,00 € kostet es auch noch weniger! Na ja, gerade noch rechtzeitig. Das von „Marions" habe ich ja noch nicht gekauft. Das kriegen die bestimmt auch anderweitig verkauft.

Etwas verwundert ist Lisa schon, als sie 3 Wochen später einen Brief öffnet, in dem sie von Frau Merz, der Inhaberin von „Marions – Mode für die Frau" angemahnt wird, das rote Abendkleid abzuholen und den Kaufpreis von 149,99 € zu zahlen. Ziemlich verunsichert ruft sie ihre Freundin Sina, die die Wirtschaftsschule besucht, an.

Lisa: Hallo, Sina.

Sina: Hallo, Lisa, was ist denn? Du klingst so aufgeregt.

Lisa: Ja, ich glaub, ich hab ein Problem.

Sina: Es gibt kein Problem, das man nicht lösen kann.

1. Macht euch mit der Situation vertraut, indem ihr euch zunächst orientiert: Betrachtet hierzu die erhaltenen Unterlagen zum Kaufvertrag und stellt sicher, dass euch klar ist, wie eure Aufgabe aussieht. **(Orientierung und Information)**
2. Plant euer weiteres Vorgehen, indem ihr euch Gedanken macht, was in dieser konkreten Situation zu tun ist, und notiert diese. **(Planung)**
3. Entwerft ein Schreiben an „Marions – Mode für die Frau", in dem ihr ausführlich zum rechtlichen Standpunkt Stellung bezieht. Schlagt dem Modegeschäft eine für beide Seiten akzeptable Lösungsmöglichkeit vor. **(Durchführung)**
4. Präsentiert eure Ergebnisse und diskutiert sie im Plenum. Nehmt ggf. Änderungen/Ergänzungen vor und haltet die Ergebnisse in euren Unterlagen fest. Was ratet ihr Lisa für den Fall, dass sie sich wieder in einer solchen Situation befinden sollte? **(Bewertung)**
5. Überlegt, wo eure Stärken und Schwächen während der Arbeitsphase lagen. Notiert und berücksichtigt diese in der Zukunft *(TIPP: Stärken nutzen – Schwächen erkennen und an diesen arbeiten!)* **(Reflexion)**
6. Bearbeitet die Übungs- und Vertiefungsaufgaben. **(Vertiefung)**.

Zustandekommen des Kaufvertrages

Ein Vertrag kommt zustande durch **zwei übereinstimmende Willenserklärungen** (= Einigung), die in der Absicht abgegeben werden, einen bestimmten rechtlichen Erfolg zu erzielen.

Genauso verhält es sich beim Kaufvertrag. Sind sich zwei Personen darüber einig, eine Sache kaufen bzw. verkaufen zu wollen, liegt ein Kaufvertrag vor. Beide Vertragspartner müssen dabei zu allen Teilen des Kaufvertrages den gleichen Willen haben und diesen auch erklären. Die beiden Willenserklärungen müssen also übereinstimmen.

Die erste Willenserklärung heißt Antrag, die zweite Willenserklärung Annahme.

Es gibt zwei Möglichkeiten, wie es zum Abschluss eines Kaufvertrages kommen kann:

	1. Möglichkeit	**2. Möglichkeit**
Antrag	Verkäufer gibt ein verbindliches Angebot ab.	Käufer macht eine Bestellung.
Annahme	Käufer nimmt genau dieses Angebot an.	Verkäufer nimmt genau diese Bestellung an, indem er entweder die Bestellung bestätigt oder sofort liefert.
	Die Berger & Thaler Sportswear OHG sendet ein Angebot an den Einzelhändler Sportladen Müller e. K.: „20 Trikots der Deutschen Nationalmannschaft, Größe S, zu einem Preis von netto 79,00 € je Trikot." **(= Antrag)** Am nächsten Tag ruft Herr Müller vom Sportladen Müller e. K. bei der Berger & Thaler Sportswear OHG an und sagt: „Ich bestelle die 20 Trikots zu den im Angebot gemachten Bedingungen." **(= Annahme)**	Herr Müller vom Sportladen Müller e. K. blättert im Katalog der Berger & Thaler Sportswear OHG. Er füllt ein Bestellformular aus und schickt es an die Berger & Thaler Sportswear OHG. **(= Antrag)** Eine Woche später liefert die Berger & Thaler Sportswear OHG die bestellte Ware an den Kunden. **(= Annahme)**

Möchte sich ein Kunde im Vorfeld erst erkundigen, wird er zuerst einmal beim Verkäufer anfragen:

Allgemeine Anfrage	**Spezielle Anfrage**
Der Kunde hat noch kein bestimmtes Produkt vor Augen, möchte sich also zuerst einmal allgemein informieren. Er wird um – ein Muster, – einen Katalog, – eine Preisliste, – ein Warenverzeichnis – etc. bitten.	Dem Kunden schwebt schon ein ganz bestimmtes Produkt vor, er möchte es aber vielleicht erst mit anderen, gleichwertigen Produkten vergleichen. Er wird also ein ganz bestimmtes Produkt unter Angabe von – Artikelnummer, – Güte und Beschaffenheit, – Menge, – Preis, – Liefer- und Zahlungsbedingungen anfragen.
Frau Gerber möchte sich für die bevorstehende Abschlussfeier ihrer Tochter neu einkleiden. Ihr fehlen allerdings zum neuen Kleid die passenden Schuhe. Sie geht deshalb in ein Schuhgeschäft und fragt die Verkäuferin: „Ich möchte Schuhe kaufen. Könnten Sie mir bitte welche zeigen, die zu diesem Kleid passen?"	Herr Fries vom Sportverein SV möchte seine Fußball-Herrenmannschaft mit neuen Trikots ausstatten. Er schreibt einen Brief an die Berger & Thaler Sportswear OHG: „Wir beabsichtigen, 18 Trikots Art.-Nr. 2356, Farbe grün, Größe L zu kaufen. Könnten Sie uns dazu noch nähere Informationen geben?"

Die Anfrage ist grundsätzlich rechtlich unverbindlich, d. h., der Käufer muss die nachgefragte Ware nicht kaufen.

Genauso ist es bei Angeboten wie z. B. Prospekten, Werbeflyern, Katalogen, Schaufensterauslagen etc., die der Verkäufer macht. Sie stellen keine rechtlich verbindlichen Angebote, sondern lediglich Anpreisungen dar, weil sie nicht an eine bestimmte Person oder Personengruppe, sondern an die Allgemeinheit gerichtet sind. Auch diese Anpreisungen sind rechtlich unverbindlich.

Pflichten des Käufers und des Verkäufers aus dem Kaufvertrag

Pflichten aus dem Kaufvertrag (Auszug aus dem BGB)

§ 433 Vertragstypische Pflichten beim Kaufvertrag
(1) Durch den Kaufvertrag wird der Verkäufer einer Sache verpflichtet, dem Käufer die Sache zu übergeben und das Eigentum an der Sache zu verschaffen. Der Verkäufer hat dem Käufer die Sache frei von Sach- und Rechtsmängeln zu verschaffen.
(2) Der Käufer ist verpflichtet, dem Verkäufer den vereinbarten Kaufpreis zu zahlen und die gekaufte Sache abzunehmen.

Kommt ein Kaufvertrag durch zwei übereinstimmende Willenserklärungen zustande, so leiten sich nach dem Gesetz folgende Pflichten der beiden Vertragspartner ab:

Pflichten des Verkäufers	Pflichten des Käufers

– Lieferung der Ware:
  – rechtzeitig
  – ohne Mangel
  – an den richtigen Ort
– Übertragung des Eigentums auf den Käufer
	– Annahme der Ware
	– rechtzeitige Zahlung des Kaufpreises

Der Kaufvertrag begründet ein Schuldverhältnis. Die Vertragspartner werden hierdurch zur Erfüllung der versprochenen Leistung verpflichtet **(Verpflichtungsgeschäft)**.

Das Schuldverhältnis erlischt, indem die Vertragspartner die jeweils geschuldete Leistung erbringen. **(Erfüllungsgeschäft)**.

Bei den alltäglichen Kaufverträgen fallen Verpflichtungsgeschäft und Erfüllungsgeschäft zeitlich zusammen.

Ein Schüler kauft in der Schul-Cafeteria ein belegtes Brötchen.

Es kann aber auch ein längerer Zeitraum dazwischenliegen.

Familie Maier kauft einen neuen Pkw. Aufgrund einiger Sonderwünsche müssen die Maiers allerdings ca. vier Wochen auf die Auslieferung des Fahrzeugs warten.

Mit der Unterschrift von Vater Maier und dem Verkäufer des Autohauses kommt der Kaufvertrag zustande (= Verpflichtungsgeschäft). Aber erst mit der Auslieferung ca. vier Wochen später erfüllt das Autohaus den Kaufvertrag (= Erfüllungsgeschäft).

Inhalte des Kaufvertrages
Ein Großteil der Kaufverträge im Alltag wird mündlich geschlossen. Mögliche Unstimmigkeiten werden dabei im Regelfall direkt durch Nachfragen aus dem Weg geräumt.

Die Kundin betritt den Getränkefachhandel und möchte 4-mal Mineralwasser kaufen. Da der Verkäufer sich bei der Mengenangabe nicht ganz sicher ist, fragt er einfach nach: „Meinen Sie vier Flaschen oder vier Kisten?"

Bei schriftlichen Verträgen sollten Käufer und Verkäufer darauf achten, dass alle wichtigen Inhalte schriftlich im Kaufvertrag festgehalten werden:

- Genaue Anschrift von Käufer und Verkäufer
- Genaue Angaben zum Kaufgegenstand (Art, Güte und Beschaffenheit)
- Genaue Menge und Mengenbezeichnung (Stück, Liter, Meter, Palette etc.)
- Genauer Preis inkl. möglicher Preisnachlässe
- Lieferbedingungen
- Zahlungsbedingungen
- Erfüllungsort

Sollte über diese Vertragsinhalte nichts vereinbart werden, so gelten gesetzliche Regelungen. Aber selbstverständlich können davon abweichende Regelungen getroffen werden.[9]

Kaufvertragsarten
Es gibt viele Möglichkeiten, Kaufverträge nach bestimmten Kriterien zu ordnen:

- **nach Art und Beschaffenheit der Ware**
  - Kauf auf Probe
  - Kauf nach Probe
  - Kauf zur Probe
  - Gattungskauf
  - Stückkauf
- **nach dem Zeitpunkt der Lieferung**
  - Sofortkauf
  - Fixkauf
  - Terminkauf
  - Kauf auf Abruf
- **nach dem Zeitpunkt der Zahlung**
  - Barkauf
  - Zielkauf
  - Kauf gegen Anzahlung
  - Ratenkauf
  - Kommissionskauf

Daneben kann man Kaufverträge auch noch nach den beteiligten Personen unterscheiden. Diese Unterscheidung ist vor allem deswegen so wichtig, weil sie teilweise unterschiedliche Rechte und Pflichten der Kaufvertragspartner nach sich ziehen.

Bürgerlicher Kauf	Beide Vertragspartner sind Privatpersonen (= Nichtkaufleute). Für beide gelten die Vorschriften des BGB. Hans Hingsen verkauft seinen gebrauchten Pkw an Lisa Müller.
Einseitiger Handelskauf	Ein Vertragspartner ist eine Privatperson, ein Vertragspartner ist ein Kaufmann. Für die Privatperson gelten die Vorschriften des BGB, für den Kaufmann gelten darüber hinaus die Vorschriften des HGB (= Handelsgesetzbuch). Sonderfall: Ist der Verkäufer ein Kaufmann, der Käufer eine Privatperson, so spricht man von einem **Verbrauchsgüterkauf**. Hier gelten die besonderen Vorschriften der §§ 474 ff. BGB. Frau Bayer kauft im Bekleidungsgeschäft Shoppy ein Sommerkleid.
Zweiseitiger Handelskauf	Beide Vertragspartner sind Kaufleute. Für beide gelten sowohl das BGB als auch das HGB. Die Berger & Thaler Sportswear OHG verkauft Trikots an das Einzelhandelsgeschäft Sportladen Müller e. K.

9 Eine ausführliche Darstellung der Kaufvertragsinhalte erfolgt in Jahrgangsstufe 8.

Aufgaben zur Lernsituation 11

Aufgabe 1
Auf die Anzeige des Großhändlers Speed KG in der Fachzeitschrift „Biker" hin bestellt Herr Maier ein Mountainbike des angebotenen Modells zu 300,00 €. Prüfe, ob die Speed KG liefern muss.

Ja, die Speed KG muss liefern, da es sich bei der Bestellung um die zweite notwendige Willenserklärung für das Zustandekommen des Kaufvertrages handelt.

Ja, die Speed KG muss liefern, da es sich bei der Anzeige in der Fachzeitschrift „Biker" um ein rechtlich bindendes Angebot handelt.

Ja, die Speed KG muss liefern, da es sich bei der Anzeige in der Fachzeitschrift „Biker" sonst um ein Lockvogelangebot handeln würde.

Nein, die Speed KG muss nicht liefern, da es sich bei der Anzeige in der Fachzeitschrift „Biker" nur um eine an die Allgemeinheit gerichtete Anpreisung handelt.

Nein, die Speed KG muss nicht liefern, da die Anzeige nur an interessierte Privatpersonen gerichtet war.

Aufgabe 2
Welche Geschäfte führen zu einem

EH einseitigen Handelskauf,
ZH zweiseitigen Handelskauf,
BK bürgerlichen Kauf?

a) Frau Weiß ist Inhaberin eines Blumengeschäftes. Sie kauft von einem Autohändler einen Kleintransporter für ihr Geschäft.

b) Frau Weiß kauft sich im Modehaus „Lafontaine" ein Kostüm.

c) Die Hausfrau Bruns kauft einen Staubsauger in einem Warenhaus.

d) Ein Unternehmer kauft für private Zwecke einen Pkw von einem Gebrauchtwarenhändler.

e) Der Geschäftsführer eines Unternehmens schließt einen Kaufvertrag über den Bezug von Stoffen für die Produktion.

f) Der Bäckermeister Gravenkamp entnimmt Backwaren aus seinem Laden für private Zwecke.

g) Peter verkauft sein Handy an seine Freundin Judith.

3.3 Lernsituation 12: Wir prüfen einen Kauf im Internet

Lena hat sich heute Nachmittag mit ihrer Freundin Hannah getroffen, um eine Präsentation für den morgigen Schultag vorzubereiten.

Plötzlich wird das gemeinsame Arbeiten durch das „Piep-piep" von Lenas Smartphone unterbrochen.

Lena:	Schau mal, Hannah. Komm, lass uns doch eine Pause einlegen und auf diese Seite gehen. Ich wollte schon immer „La La La" von Shakira als Klingelton haben. Das ist total cool.
Hannah:	Ja, schon. Aber kostet das denn nichts?
Lena:	Nein, hier steht doch, dass es kostenlos ist.
Hannah:	Also, ich wäre da vorsichtig. Lass uns das erst einmal genauer anschauen.

1. Macht euch mit der Situation vertraut, indem ihr euch zunächst orientiert: Betrachtet hierzu die erhaltenen Unterlagen zum Thema Kauffallen im Internet. Nutzt auch die Möglichkeit zur Informationsbeschaffung im Internet. **(Orientierung und Information)**
2. Plant euer weiteres Vorgehen, indem ihr euch Gedanken macht, was in dieser konkreten Situation zu tun ist, und notiert diese. **(Planung)**
3. Entwerft ein Plakat zum Thema Kauffallen im Internet. Gestaltet es ansprechend und übersichtlich. Achtet darauf, dass alle wichtigen Informationen zu eurem Themenbereich auf dem Plakat enthalten sind. **(Durchführung)**

4. Präsentiert eure Ergebnisse und diskutiert sie im Plenum. Nehmt Stellung zu Hannahs Bedenken. Hat sie recht? Prüft die Plakate auf Vollständigkeit und Richtigkeit und nehmt ggf. Änderungen/Ergänzungen vor. Haltet die Ergebnisse in euren Unterlagen fest. **(Bewertung)**
5. Überlegt, wie ihr mit dem Internet/App-Store „umgeht", und reflektiert euer eigenes Verhalten. Zieht aus diesem und den neu gewonnenen Informationen Schlüsse für die Zukunft und berücksichtigt sie. **(Reflexion)**

Kauf(fallen) im Internet
Ein Kaufvertrag kommt durch zwei übereinstimmende Willenserklärungen von Käufer und Verkäufer zustande. Die beiden Vertragspartner stehen sich in der Regel persönlich gegenüber. Beim Kauf im Internet kommt ein solcher Kaufvertrag dadurch zustande, dass der Käufer eine Ware bestellt und der Verkäufer dieses Angebot annimmt, indem er die Ware versendet oder vorher eine Auftragsbestätigung verschickt. Das Angebot eines Onlineshops ist unverbindlich, weil es als Anpreisung an die Allgemeinheit gerichtet ist. Mit dem Abschicken des Bestellformulars oder auch durch Bestellung per SMS, Internet oder E-Mail erklärt der Verbraucher verbindlich gegenüber dem Unternehmer, die ausgesuchte Ware erwerben zu wollen. Der Vertrag kommt dann entweder durch die Auftragsbestätigung oder mit Versendung der Ware durch den Unternehmer zustande.

Wird ein Kaufvertrag ausschließlich unter Verwendung von Fernkommunikationsmitteln wie beispielsweise das Internet geschlossen, so spricht man von Fernabsatzverträgen (§ 312c BGB). Dabei sollte man sich aber im Klaren sein, dass Jugendliche nicht (voll) geschäftsfähig sind, bis sie ihre Volljährigkeit erreichen. Nur in bestimmten Ausnahmefällen (z. B. mit dem Taschengeld) dürfen Jugendliche Waren eigenverantwortlich bestellen. In allen anderen Fällen müssen die Eltern dem Kauf der Ware zustimmen. Tun sie dies nicht, ist der Kaufvertrag unwirksam. Dann reicht es aus, wenn die Eltern dem Onlineshop gegenüber erklären, dass sie ihre Genehmigung zum Kauf der Ware verweigern.

Gerade für Fernabsatzgeschäfte sieht das Gesetz noch einige verbraucherfreundliche Regelungen vor: Der Verbraucher kann die Ware vor dem Bestellen nicht ansehen und prüfen. Dieser Nachteil wird dadurch ausgeglichen, dass für ihn ein generelles Widerrufsrecht gilt. In einer Frist von 14 Tagen kann der Verbraucher ohne Angabe von Gründen vom Kauf zurücktreten. Dazu reicht es aus, wenn er rechtzeitig in Textform widerruft und die Ware innerhalb der Frist zurücksendet. Die Frist beginnt mit dem Erhalt der Ware und nur im Falle einer entsprechenden Belehrung durch den Onlineshop.

Bestimmte Waren fallen nicht unter die gesetzlichen Vorschriften über Fernabsatzgeschäfte, sie sind also auch vom Widerrufsrecht ausgeschlossen – unter anderem bei maßgeschneiderten Waren, bei schnell verderblichen Lebensmitteln, vom Kunden entsiegelten Datenträgern usw. (§ 312 g BGB).

Ein besonderes Problemfeld beim Kauf im Internet stellen sogenannte. „Aboverträge" dar. Gibt man zum Beispiel „Klingeltöne" bei einer Suchmaschine ein, so landet man oft auf Seiten, die alle am Verkauf von Abos interessiert sind. Das steht sehr oft im Kleingedruckten und ist damit vor allem für Kinder und Jugendliche nur schwer zu erkennen. Und gerade hier kann das Handy in vielerlei Hinsicht zur Kostenfalle werden: Beim Download von Klingeltönen, Logos oder Spielen erkennen sie nicht, dass sie gleichzeitig einem Abo zustimmen. Das Gesetz sieht zwar vor, dass die Kosten aufgeführt werden müssen, doch werden sie häufig geschickt im Kleingedruckten versteckt. Teilweise können sogar SMS als Zahlungsmittel verwendet werden, allerdings sind die Kosten nicht über eventuelle Flatrates abgedeckt. Die böse Überraschung kommt mit der Handyrechnung.

Methodenpool

Kapitel 4

4 Methodenpool

4.1 Plakatgestaltung

Wenn Schüler in einer Gruppenarbeit bestimmte Zusammenhänge und/oder Informationen sammeln und bearbeiten, können sie ihren Mitschülern die Ergebnisse mithilfe eines Plakats visuell vermitteln.

Es werden zwei Plakattypen unterschieden:

- Zum einen kann das Plakat zur Unterstützung eines Vortrages im Unterricht eingesetzt werden. Es enthält relativ wenig Text und wird deshalb eigentlich nur durch ergänzende Erläuterungen des Vortragenden verständlich.
- Zum anderen kann ein Plakat als Aushang im Klassenraum oder bei einer Ausstellung eingesetzt werden. Bei dieser Variante bedarf es keinerlei „Erklärungen", die Inhalte des Plakats sind auch ohne Zusatzinformationen verständlich.

Bei der Plakatgestaltung solltest du auf Folgendes achten:

- Wähle für dein Plakat eine passende Überschrift.
- Arbeite möglichst nur mit Stichpunkten/Schlagworten.
- Deine Schrift ist groß und gut lesbar.
- Dein Plakat hat einen logischen Aufbau, der sofort erkennbar ist.
- Jedes Plakat wird durch den Einsatz von Farben übersichtlicher. Beachte aber, dass die Farben sinnvoll eingesetzt werden.
- Jedes Plakat kann auch noch vom anderen Ende des Klassenzimmers gut gelesen werden.
- Weniger ist mehr! Achte darauf, das Plakat nicht mit Informationen zu überfrachten.
- Der Text kann durch Bilder und Grafiken unterstützt werden.

Bei der Präsentation der Plakate solltest du Folgendes berücksichtigen:

- Achte zu Beginn darauf, dass jeder Teilnehmer freie Sicht auf das Plakat hat.
- Lies die Angaben auf dem Plakat nicht vor.

Beim Deuten auf das Plakat solltest du den Zuhörern nicht den Rücken zuwenden. Ferner ist es selbstverständlich, dass du dich während der Präsentation nicht vor dem Plakat aufhältst. Dein Standort ist immer neben dem Plakat. Deute mit dem Handrücken auf das Plakat, dann stehst du automatisch richtig.

4.2 Brainstorming

Theorie: „Rufe alle deine Einfälle in den Raum!"

Praxis: „Melde dich und wenn du an der Reihe bist, gib deine Ideen preis!"

Alle Ideen, die die Teilnehmer eines Brainstormings haben, werden auf Karten notiert, an einer Pinnwand (oder einer Magnet-/Tafelwand) gesammelt und können später nach ihrem Inhalt geclustert (sortiert) werden!

Die vielen verschiedenen Ideen können dann zu einem Gesamtergebnis und/oder zu einer Lösung/einem Lösungsansatz führen.

Grundsätze:

„Jede Idee zählt" – gemäß Mark Twain.

„Menschen mit einer neuen Idee gelten so lange als Spinner,
bis sich die Sache durchgesetzt hat!"

4.3 Referate anfertigen – aber wie?

Du musst einen Vortrag in Form eines Referates halten? Keine Panik, wenn du einige Regeln einhälst, kann bei deinem Referat nichts schief gehen!

Grundsatz
Bringe wichtige Informationen auf den Punkt!

„Vorarbeiten"

- Informiere dich über deinen Themenbereich mithilfe von Fachbüchern, Fachzeitschriften, Internet ... und fasse wichtige Informationen zusammen (in einer Mindmap, auf Karteikarten ...)
- Überlege dir einen klaren Aufbau für dein Referat, also:
  1. Wie gestalte ich die Einleitung?
  2. Was gehört in den Hauptteil?
  3. Welche Inhalte hat mein Schluss?

Erstellen des Referats

- Erstelle ein ansprechendes Deckblatt für dein Referat.
- Erstelle dein Referat in schriftlicher Form! Achte dabei auf ansprechende Formulierungen, Grammatik und Rechschreibung.
- Verwendest du Grafiken/Bilder, Zitate oder Auszüge aus Büchern oder dem Internet in deinem Referat, musst du die Quellenangaben aufführen (als Fußnote oder in einem extra (Bild-)Quellenverzeichnis).
- Nimm entsprechende Formatierungen nach der DIN 5008 vor.
- Drucke dein Referat aus und gib es möglichst geheftet ab (in einem Schnellhefter, Heftstreifen), damit keine Unterlagen verloren gehen.

Halten des Referats

- Bereite dich auf das Halten des Referats gut vor.
- Übe es vor dem Spiegel oder trage es deinen Eltern/Freunden/Bekannten vor.
- Stehe gerade und spreche laut und deutlich.
- Sei selbstsicher, dann wird dein Referat ein Erfolg!

4.4 Feedback

Das Wort Feedback ist dir sicherlich im Alltag schon einmal begegnet. Unter Feedback versteht man „eine Rückmeldung zu etwas geben", das heißt, sich zu einem Sachverhalt, einem Themenbereich, einer Arbeitsweise, einem Dokument oder zu Sonstigem zu äußern.

Die Ziele von Feedback liegen klar auf der Hand:

- Seiner eigenen Wahrnehmung werden Sicht und Wertung von anderen Personen gegenübergestellt
- Aufdeckung von Fehlern, Verhaltensweisen, die weniger optimal sind
- Stärkung des Selbstwertgefühls beim Feedbacknehmer
- Förderung des Lernprozesses bzw. Anregung zur Selbstreflexion in Bezug auf den Umgang mit sich selbst und anderen (Selbstkompetenz, Sozialkompetenz)
- Förderung der Zusammenarbeit mit anderen Personen

Feedback geben
Beim „Feedback geben" spielen natürlich der Ton sowie die Wortwahl eine wichtige Rolle. Berücksichtige hier:

„Das gesprochene Wort kannst du nicht mehr zurücknehmen – es steht im Raum und wirkt."

Feedbackregeln beim „Feedback geben"
Um „Feedback geben" zu können, sind folgende Feedbackregeln zu beachten:

- Vor dem „Feedback geben" über Vertraulichkeit, Datenschutz, gegenseitiges Vertrauen sprechen.
- Gib Feedback konstruktiv, konkret, knapp.
- Analysiere oder bewerte mit deinem Feedback nicht, sondern beschreibe (was habe ich wahrgenommen?).
- Triff vor einem Feedback Absprachen und Vereinbarungen, an die sich jedes Mitglied der Feedbackrunde auch halten muss (z. B. Gesprächsregeln ...).
- Feedback darf den Feedbacknehmer nicht verletzen.

Feedbackregeln beim „Feedback nehmen"
Um „Feedback nehmen" zu können, sind folgende Feedbackregeln zu beachten:

- Nimm die Anmerkungen/das Gesagte deiner Feedbackgeber ernst.
- Beziehe das Gesagte nicht direkt auf deine Person – oft steht es vielmehr im Zusammenhang mit einem Themenbereich.
- Gehe konstruktiv mit dem Gesagten um (was könnte ich in Zukunft verändern, verbessern oder beibehalten?).
- Erstelle für dich gegebenenfalls eine Übersicht mit den positiven und negativen Aspekten, die angemerkt wurden, und nutze diese für die Zukunft (z. B. „Du hast eine sehr angenehme Stimme, wenn du Präsentationen vorträgst" – mache dir diese Aussage zunutze, indem du an deiner Stimme nicht viel veränderst).

4.5 Bewertungsbogen „Zielscheibe“

Der folgende Bewertungsbogen dient der Einschätzung deiner Arbeitsweise bei der Bearbeitung einer Lernsituation. Du gibst dir also selbst ein Feedback. Markiere dazu bitte in jedem der vier Kreissegmente den für dich passenden Bereich mit einem Kreuz. Dabei stehen die Kreuze im „inneren Bereich“ der Zielscheibe für „trifft voll zu“. Je weiter du deine Kreuze in den „äußeren Bereich“ setzt, umso „weniger“ treffen die Aussagen für dich zu.

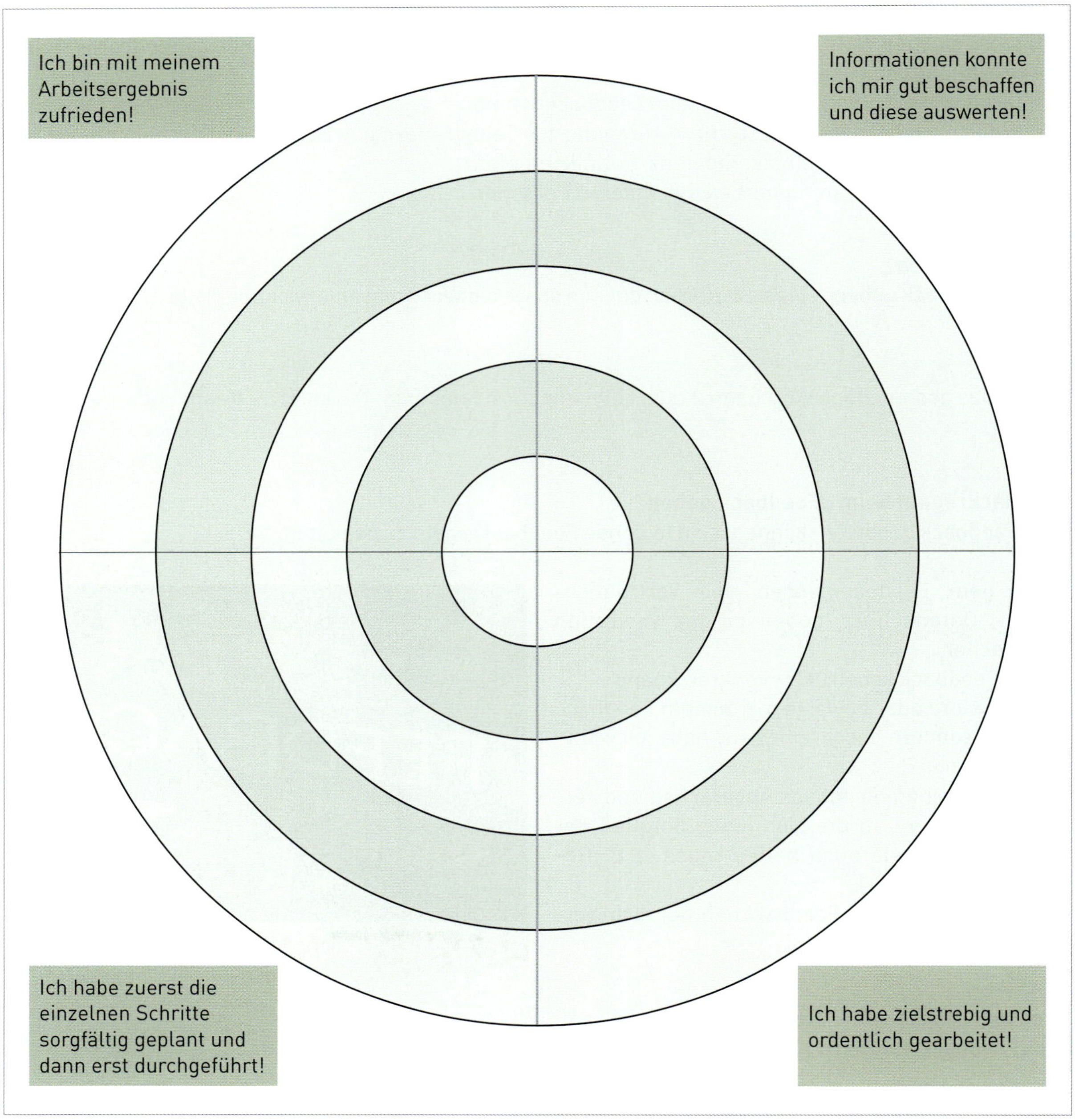

Beantworte bitte noch folgende Frage zu deiner Bewertung:
Was nimmst du dir im Hinblick auf die Bearbeitung der nächsten Lernsituation vor? Begründe deine Ansicht.

4.6 Pro-Kontra-Liste

Die Begriffe „Pro“ und „Kontra“ sind dir sicherlich schon einmal begegnet. Der Begriff „Pro“ stammt aus dem Lateinischen und bedeutet „dafür“ – das Wort „Kontra“ heißt übersetzt „dagegen“.

Bei einer Pro-Kontra-Liste geht es also darum, welche Argumente FÜR und welche Argumente GEGEN eine Entscheidung sprechen.

Tim möchte sich ein neues Handy kaufen. Er überlegt, was dafür und was dagegen spricht, und hält seine Gedanken fest:

Pro	Kontra
– Besserer Empfang als das alte Handy – Cool auf dem Pausenhof – ... – ...	– Teuer – Empfindlicher, wenn es runterfällt – Internetflat notwendig, damit die Updates des Handys günstig heruntergeladen werden können – ... – ...

Nachdem Tim nun die einzelnen Argumente gegenübergestellt hat, muss er entscheiden, ob er bei seinen Eltern den „Antrag auf ein neues Handy“ stellt oder den Gedanken wieder fallen lässt.

Wichtig bei der Pro-Kontra-Liste ist, dass man sich wirklich Gedanken über den Themenbereich macht und sie erst dann notiert.

4

Methodenpool

4.7 Wie erstelle ich einen Fragebogen?

Fragebögen begegnen Menschen im Alltag recht häufig. Es gibt sie digital, in Papierform, in verschiedenen Formaten (A4 – also ganzes Blatt, A5 – so groß wie ein halbes Blatt usw.) und eigentlich jammern viele, wenn sie einen Fragebogen ausfüllen müssen. Dies liegt oft daran, dass die Fragebögen unübersichtlich und kompliziert sind.

Warum gibt es Fragebögen?
Mithilfe von Fragebögen werden die Meinungen von verschiedenen Befragten eingeholt. Sie dienen aber auch dazu, Informationen gezielt zusammenzustellen. Aus den Antworten können die Fragebogenersteller dann die für sie wichtigen Informationen „herausziehen".

Peter möchte, dass jeder Jugendliche ab 14 Jahren ein Smartphone hat, und befragt zehn Leute aus seinem Freundeskreis zu diesem Thema. Acht von zehn Befragten geben die Antwort: „Ja, das finde ich gut". Nur zwei haben mit **„Nein, finde ich nicht gut"** geantwortet.

Nun kann Peter zu seinen Eltern gehen, ihnen das Umfrageergebnis vorlegen und seine eigene Meinung zu diesem Thema mithilfe der Ergebnisse untermauern.

Bei den Fragebögen unterscheidet man verschiedene Arten:

1. Fragebögen, bei denen die Antworten **angekreuzt** werden können (also vorgegeben sind)
2. Fragebögen, bei denen die Antworten **schriftlich** vom Befragten **aufgeschrieben** werden müssen

Nachfolgend ein paar Tipps, damit ein guter Fragebögen erstellt werden kann:

Tipps und Tricks

- Überlege dir Fragen, die später dein Fragebogen enthalten soll, und schreibe sie auf. ACHTUNG: Formuliere sie so „einfach wie möglich“, damit jeder die Fragen versteht.
- Prüfe nun, um welche Fragen es sich handelt, also ob die Antworten **„angekreuzt“** werden können und **vorgegeben sind** oder ob du Platz für Antworten brauchst.
- Gib den Fragen im nächsten Schritt eine sinnvolle Reihenfolge.
- Überlege dir eine Überschrift für deinen Fragebogen und notiere sie ebenfalls.
- Prüfe, welche Gestaltung dein Fragebogen haben soll und wie du ihn erstellen willst (von Hand, am PC, ggf. zum Online-Ausfüllen) und fertige ihn an **(denke an den Platz für Antworten, falls diese in deinem Fragebogen von den Befragten eingetragen werden müssen).** Bei der Erstellung am PC bietet sich oft der Einsatz einer Tabelle (Tabellenfunktion in Word – Registerkarte EINFÜGEN – TABELLE) an.
- Prüfe, ob dein Fragebogen übersichtlich ist und ob du ihn später einfach und schnell auswerten kannst. Nimm ggf. Änderungen vor. Wenn dein Fragebogen fertig ist, wende ihn an!

Beispiel für einen „Ankreuz-Fragebogen“:

Befragung zum Thema „Sollten Jugendliche ab dem 14. Lebensjahr ein Smartphone haben?“	
Finden Sie, dass Jugendliche ab dem 14. Lebensjahr ein eigenes Smartphone haben sollten?	Ja ☐ Nein ☐
Haben Sie ein eigenes Smartphone?	Ja ☐ Nein ☐
Nach welcher Zeit kaufen Sie sich ein neues Smartphone?	Nach einem Jahr ☐ Nach zwei Jahren ☐ Weiß ich nicht ☐
…	…

Beispiel für einen Fragebogen, bei dem die Antworten vom Befragten selbst formuliert werden müssen:

Befragung zum Thema „Sollten Jugendliche ab dem 14. Lebensjahr ein Smartphone haben?“	
Frage	**Antwort**
Finden Sie, dass Jugendliche ab dem 14. Lebensjahr ein eigenes Smartphone haben sollten?	
Haben Sie ein eigenes Smartphone?	
Nach welcher Zeit kaufen Sie sich ein neues Smartphone?	
…	…

4.8 Arbeiten in Sozialformen

Unter Sozialform versteht man die Arbeitsweise von Menschen miteinander oder eines Menschen alleine. Sind gegebene Räumlichkeiten und zeitliche Strukturen (was zwingend erforderlich ist) vorhanden, findet innerhalb dieser die Arbeit in einer Sozialform statt, was oft bedeutet, dass mehrere Menschen in einem Raum auf ihre Mitmenschen Rücksicht nehmen müssen, damit ein reibungsloser Arbeitsablauf gewährleistet ist.

Oft kristallisieren sich sogar die Rollen der Personen, die in der Sozialform arbeiten, heraus (z. B. ein „Leitwolf", ein „Pessimist", ein „Optimist", eine „stille Maus", ein „Denker", ein „Einzelgänger"). Hier ist die Kunst, trotz der verschiedenen Charaktere ein gutes Arbeitsergebnis zu erzielen also gute Teamarbeit zu leisten.

Auch die Kommunikationsstruktur spielt innerhalb der Sozialform eine wichtige Rolle – hier gilt: „Aktives Zuhören, Ausreden lassen des Gegenübers und gegenseitiger Respekt".

Werden diese Regeln beherzigt, steht dem erfolgreichen Arbeiten in Sozialformen nichts mehr im Wege!

Einzelarbeit
Ein Mensch arbeitet alleine! Das Arbeitstempo wird meist vom arbeitenden Menschen selbst bestimmt und steht im Zusammenhang mit den eigenen Fähigkeiten, Fertigkeiten und Kenntnissen.

Partnerarbeit
Zwei Menschen arbeiten zusammen. Das Arbeitstempo wird durch die Kenntnisse, Fähigkeiten und Fertigkeiten beider bestimmt. Die Partner ergänzen sich von ihrem Wissensstand her oft gegenseitig. Durch den Gedankenaustausch prägen sich die besprochenen Themen meist besser im Gedächtnis ein.

Gruppenarbeit
Menschen arbeiten in einer Gruppe mit drei bis fünf Personen zusammen und sind alle gleichberechtigt. Die gegenseitige Rücksichtnahme spielt dabei eine wichtige Rolle. Themenbereiche können innerhalb einer Gruppe aufgeteilt und später den Gruppenmitgliedern vorgetragen werden. Wichtig ist immer ein „Zeitnehmer", der die vorgegebene Zeit überwacht und einen „Zwischenstand" über die Restzeit gibt. In der Gruppenarbeitsphase haben die Gruppenmitglieder die Möglichkeit, sich gegenseitig auszutauschen und ihre verschiedenen Wissensstände zu einem „Gesamtpaket" zu vereinen.
Finden Präsentationen nach der Gruppenarbeit statt, ist es wichtig, dass alle Gruppenmitglieder einen Teilbereich präsentieren.

Plenum
Das Wort Plenum ist abgeleitet vom Lateinischen (plenus, plena, plenum = voll) und bedeutet, dass alle zusammen einen Sachverhalt erschließen, besprechen oder Probleme erörtern bzw. diskutieren und/oder konstruktive Kritik während/nach Präsentationen üben.
Im Plenum treffen viele Ideen und Wissensstände aufeinander, von denen jeder Einzelne, der an einer Plenumsrunde teilnimmt, profitieren kann.
Auch im Plenum gilt: „Gegenseitiger Respekt, aktives Zuhören, aussprechen lassen des Redners".

4.9 Mindmaps (Gedächtniskarten) erstellen

Sollen verschiedene Unterpunkte, die zu einem Hauptpunkt gehören, übersichtlich dargestellt werden, bietet sich eine Mindmap an. Oft wird diese auch als Gedächtniskarte oder Landkarte bezeichnet. Sie eignet sich hervorragend, um Themenbereiche zusammenzufassen und später mit der Mindmap diesen Themenbereich zu lernen.

Eine Mindmap ist wie folgt aufgebaut und sollte nach folgenden Grundsätzen erstellt werden:

Aufbau	Grundsätze
– Mittig steht das Hauptthema – An den einzelnen Ästen und Unterästen werden die Unterthemen an das Hauptthema gehängt – Grafiken unterstützen die jeweiligen Aussagen	– Ausreichend Platz für die Mindmap vorsehen (am besten Querformat) – Nur Stichworte verwenden – Genaue Gliederung vornehmen – Grafiken verwenden

Mit dem Programm MindManagerSmart können problemlos und einfach Mindmaps erstellt, bearbeitet und formatiert werden. Einfach Programm öffnen, neue Mindmap erstellen und speichern sowie drucken oder in ein anderes Programm (Word, Paint) exportieren!

4

Methodenpool

4.10 Präsentieren, aber wie?

Lehrerin, Frau Stejskal Schüler Laurin

Richtig präsentieren bedeutet, dass zum einen das Medium, mit dem präsentiert wird, stimmen muss, zum anderen das Auftreten des Präsentierenden selbst.

Vorüberlegungen

- Was möchte ich präsentieren, also welche Inhalte muss meine Präsentation haben?
- Wie möchte ich präsentieren (Flipchart, Folie, Plakat, PowerPoint-Präsentation)?
- Eignet sich das von mir ausgesuchte Medium eigentlich für meine Präsentation? (Wie ist die Raumgröße? Gibt es überhaupt einen PC oder Beamer in dem Raum, in dem präsentiert wird?)

Wenn du dich entschieden hast, welches Medium du einsetzt, kannst du deine Präsentation erstellen. Dabei solltest du auf die nachfolgenden Punkte achten:

Präsentation selbst (Darstellung)

- Einheitliches Design
- Möglichst nur Stichpunkte auf dem Präsentationsmedium verwenden
- Dein Inhalt muss vollständig und richtig sein
- Folien, Plakate nicht bis zum Rand beschriften
- Geeignete Schriftgrößen verwenden (nicht zu klein schreiben, damit auch in der letzten Reihe des Präsentationsraums der Text gelesen werden kann)
- Nicht zu viele Farben verwenden
- Ggf. Grafiken oder Diagramme mit einbinden und dafür auf Text verzichten
- Rechtschreib- und Grammatikfehler vermeiden
- Präsentation muss von der Gestaltung und dem Aufbau her zum Vortrag/dem Thema passen
- Ggf. Quellenangaben machen (wenn du Bilder aus dem Internet verwendest, musst du angeben, woher sie genau stammen)

Auftreten während der Präsentation

- Möglichst frei sprechen und nicht ablesen
- Rückfragen müssen beantwortet werden
- Keine Hände in den Hosentaschen haben
- Äußeres Erscheinungsbild muss zur Präsentation passen
- Laut und deutlich sprechen
- Auf sicheres Auftreten achten (ggf. vor dem Spiegel üben)
- Nicht „zappeln"

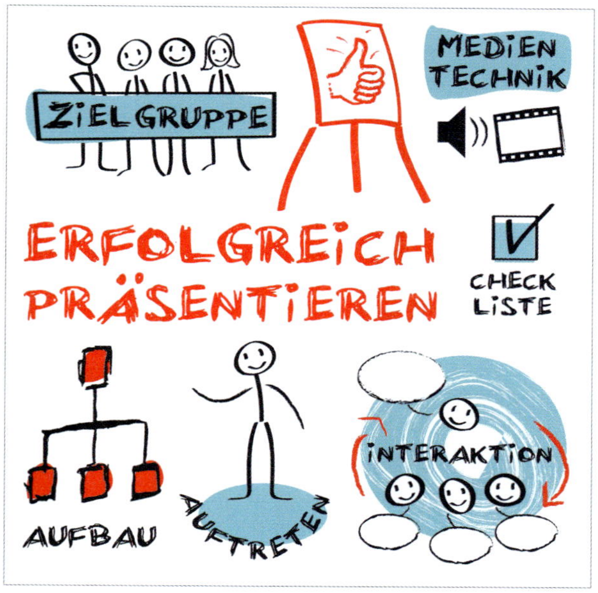

Nachbereitung

- Was war gut – was war weniger gut?
- Bin ich mit meiner Leistung zufrieden?
- Wie habe ich mich während der Präsentation gefühlt?
- Was würde ich bei der nächsten Präsentation anders machen – umstellen?

„Übung macht den Meister."

4.11 Kriterienkatalog (Checkliste) für Präsentationen

Um Präsentationen bewerten zu können, bietet sich der Einsatz eines Kriterienkatalogs (einer Checkliste) an. Er kann beliebig erstellt und immer ergänzt/verändert werden.

Möchte man einen Kriterienkatalog/eine eigene Checkliste erstellen, sollte darauf geachtet werden, dass das „Grundgerüst" immer wieder verwendet werden kann und lediglich die einzelnen „Bausteine" (Fragen) ausgetauscht werden können. So wird viel Arbeit und Zeit gespart. Beim Erstellen eines Katalogs/einer Checkliste am PC bietet sich die Tabellenfunktion in Word an.

Thema der Präsentation:		
Name des Präsentierenden:		
Fragen zum Präsentierenden selbst	Trifft zu	Trifft nicht zu
Aussprache ist laut und deutlich		
Es wird frei gesprochen		
Es wird abgelesen		
Erklärungen erfolgen einfach		
Erklärungen erfolgen umständlich		
Es wird zum Publikum hin gesprochen		
Vortrag ist vollständig		
Inhalte des Vortrags sind richtig		
Rückfragen werden beantwortet		
Körperhaltung passt zum Vortrag (keine Hände in den Hosentaschen usw.)		
Sicheres Auftreten (kein „Zappeln" usw.)		
Fragen zur Präsentation an sich		
Passende Grafiken/Bilder wurden verwendet		
Gut lesbare Schrift (Schriftgröße, Schriftart und Schriftfarbe)		
Keine Rechtschreibfehler		
Keine Grammatikfehler		
Sinnvolle Überschriften wurden gewählt		
Einheitliches Design		
Präsentation passt zum Vortrag		
Bemerkungen		

Sinn eines Kriterienkatalogs/einer Checkliste
Wenn mit einem Kriterienkatalog/einer Checkliste geabeitet wird, hat dies den Vorteil, dass

- während der Präsentation aktiv zugehört werden kann und man „nur seine Kreuze" an der entsprechenden Stelle des Kalalogs setzen muss (also nicht noch Fragen überlegen und die Antworten notieren);
- dadurch Zeit gespart wird;
- nichts vergessen werden kann, was später für die Bewertung der Präsentation/für ein Feedback an den Prässentierenden notwenig ist;
- Richtlinien für sich selbst schriftlich vorliegen, auf die bei eigenen Präsentationen geachtet werden kann.

4.12 Spickzettel anfertigen

Diese Aussage habt ihr sicherlich schon mehrfach in eurem Schulleben gehört!

Und trotzdem werden täglich Tausende von Spickzetteln geschrieben! Aber warum eigentlich?

Ein Spickzettel dient dazu, wichtige Informationen zu einem oder mehreren Themenbereichen kurz, knapp und übersichtlich darzustellen, damit der Spickzettelschreibende diese zum einen **besser behalten** und zum anderen **des Öfteren nachlesen** kann. Durch dieses Vorgehen prägt sich das Geschriebene besser im Gehirn ein und kann z. B. bei Proben leichter abgerufen werden – und zwar dann **OHNE** Spickzettel!

Er soll nämlich nicht der Täuschung eines Lehrers dienen!

Wie schreibe ich einen Spickzettel, damit ich mit diesem besser lernen kann?

- Lies die zu lernenden Informationen genau durch und markiere wichtige Stellen.
- Schreibe die von dir gefundenen Informationen stichpunktartig auf einem Spickzettel zusammen. Achte dabei auf Übersichtlichkeit und eine gute Lesbarkeit. Die Größe des Spickzettels spielt keine Rolle – der Spickzettel kann im A4-Format oder in einem anderen, kleineren Format erstellt werden. Wichtig ist allerdings, dass er überallhin mitgenommen und somit an jedem Ort mit ihm gelernt werden kann.
- Lerne nun mithilfe des Spickzettels die wichtigen Informationen!

Du kannst auch deine eigenen Gedanken zu einem Themenbereich auf einem Spickzettel notieren und dann mithilfe von diesem mit deinen Mitschülern über die Gedanken diskutieren!

4.13 Arbeitsplan/Maßnahmenplan/Zeitplan

Wenn Arbeiten ordentlich und korrekt erledigt werden müssen, bietet sich das Erstellen eines Arbeitsplans/Maßnahmenplans/Zeitplans an. Mit diesem wird sichergestellt, dass einzelne Schritte nicht vergessen werden und man nicht in „Zeitverzug" gerät.

Gerade wenn mit mehreren Personen in einer Gruppe zusammengearbeitet wird, sind solche Pläne notwendig, damit jeder Schüler genau weiß, WAS er WANN und MIT WELCHEM ERGEBNIS zu erledigen hat. So kann gewährleistet werden, dass die gesamte Gruppe ein gutes Arbeitsergebnis erzielt und das Ergebnis ein Erfolg wird.

Arbeitsplan/Maßnahmenplan/Zeitplan			
Datum			
Alle Beteiligten			
Wer?	**Aufgaben/Schritte, die zu erledigen sind**	**Erledigung bis**	**Notizen**

Der Arbeitsplan kann bei „kleinen", aber auch bei „großen" Arbeitsaufträgen/Projekten eingesetzt werden!

4.14 Präsentationsmedien Flipchart und Folie (Overheadfolie)

Während eines Vortrags bietet sich oft das Visualisieren auf verschiedenen Präsentationsmedien wie Flipchart oder Folien an.

Dabei müssen folgende Vorüberlegungen angestellt werden:

- Was möchte ich auf meinen Medien präsentieren?
- Wie kann ich die Inhalte übersichtlich und ansprechend darstellen?
- Was eignet sich für meine Zwecke – Flipchart oder Folie?
  - Wie viel Platz benötige ich für die Informationen?
  - Was sagt die Raumausstattung?
  - Wer ist mein Publikum?

Eine ordentliche und übersichtliche Gestaltung des Mediums ist das A und O für das erfolgreiche Präsentieren. Schlecht gestaltete Folien oder Flipchartblätter wirken auf die Zuhörer abschreckend oder belustigend und die Präsentation kann – wie man umgangssprachlich sagt – „schneller in die Hose gehen, als man schauen kann".

Gestaltung – aber wie?

Gemeinsamkeiten	
Flipchart und Folie	– Ordentlich schreiben! Deine Schrift muss für jeden lesbar sein. – Geeignete Schriftgröße wählen (nicht zu klein). – Vermeide Rechtschreib- und Grammatikfehler. – Der Einsatz von Farben bietet sich oft an, um eine bessere Übersicht zu gewährleisten, aber bedenke: Weniger ist mehr. – Ggf. Grafiken oder Diagramme zur Veranschaulichung/Visualisierung einfügen. – Informationen gut strukturiert darstellen, um Übersichtlichkeit zu gewährleisten. – Ggf. Handout für die Präsentationsteilnehmer erstellen, damit sie während der Präsentation nicht mitschreiben müssen.
Besonderheiten	
Flipchart	– Möglichst dickere Stifte verwenden. – Möglichst nur Stichpunkte verwenden. – Eignet sich unter Umständen auch als „NOTIZBRETT" während einer Präsentation.
Folie	– Geeignete Stifte wählen (Folienstifte, wasserlöslich – wenn die Daten später nicht mehr verwendet werden, wasserfest – wenn die Folie mehrmals benötigt wird). – Folie nicht bis zum Rand beschriften (oft schneidet der Projektor die Seitenränder ab).

Wichtig bei der Nutzung von Overheadfolien ist, dass die technischen Geräte vor der Präsentation ausprobiert werden. Falls ein Gerät defekt ist, kann es noch rechtzeitig ausgetauscht werden und einer erfolgreichen Präsentation steht nichts im Wege.

4.15 Galerierundgang oder „Markt der Möglichkeiten“

Sollen Ergebnisse in einer „Galerie“ oder einem „Galerierundgang“ dargestellt werden, müssen sie natürlich zuerst einmal erarbeitet werden, also:

Schritt 1
Erarbeitung in Gruppenarbeit oder an Stationen (Stationen-Lernen).

Schritt 2

- Präsentation der Ergebnisse an Pinnwänden, Wänden, Tafeln usw. in einem oder mehreren Räumen.
- Mitschüler schauen sich die Ergebnisse in Ruhe während eines „Rundgangs“ an und machen sich auf einem eigenen Zettel oder auf einem vorgefertigten „Bewertungsbogen“ oder „Kriterienkatalog“, der neben den Ergebnissen hängt, Notizen.

Beispiel für einen Bewertungsbogen

Bewertungskriterien	Gut	Weniger gut	Nicht ausreichend
Inhalt			
Vollständigkeit			
Sachliche Richtigkeit			
Rechtschreibung			
Layout			
Aufteilung/ Strukturierung			
Schriftart/Schriftgröße			
Ggf. Grafik etc.			

Schritt 3

Die Notizen (auf eigenem Zettel oder auf dem Bewertungsbogen/Kriterienkatalog) werden im Plenum besprochen. Den jeweiligen Gruppen wird ein Feedback gegeben (aus den einzelnen Bewertungen wird also eine „Gesamtbewertung“ zusammengesetzt).

Möglichkeiten und Ziele des Galerierundgangs sind:

- Vergleich der verschiedenen Ergebnisse miteinander
- Eindrücke von verschiedenen Ergebnissen gewinnen
- Ideen der Mitschüler aufnehmen
- Austausch mit Gruppenmitgliedern
- Austausch mit „sonstigen Mitschülern“, die ebenfalls den Galerierundgang durchführen
- Ideenfindung und Steigerung der Kreativität
- Aufnehmen von Informationen, die in der eigenen Gruppe vielleicht nicht besprochen wurden
- „Bewegte Schule“ – da ihr euch aktiv in dem Ausstellungsbereich bewegt

Aufgrund der oben genannten Punkte wird der Galerierundgang oft als „Markt der Möglichkeiten“ bezeichnet.

4.16 Gruppenpuzzle

Ein Gruppenpuzzle ist eine abgewandelte Art der Gruppenarbeit und funktioniert wie folgt:

1. Die Teilnehmer werden in Gruppen eingeteilt, die **Stammgruppen** genannt werden. Jedes Gruppenmitglied bekommt nun die Aufgabe, sich mit einem Teilthemenbereich auseinanderzusetzen (einem Puzzleteil also).

2. Nachdem die Teilthemenbereiche verteilt wurden, gehen die **Stammgruppenmitglieder** in ihre entsprechenden Expertengruppen, finden sich also mit den Gruppenmitgliedern aus den anderen Gruppen, die dasselbe Teilthema haben, zusammen.

3. Hat sich jeder **Experte** in der Gruppe die Inhalte des Themenbereichs angeeignet, geht er zurück in seine **Stammgruppe**. Dort werden die Wissensstände ausgetauscht, sodass jedes Gruppenmitglied der Stammgruppe nun einen Überblick über die Inhalte der Themen aus den Expertengruppen bekommt.

Anhang

Bildquellenverzeichnis

Fotolia Deutschland GmbH
S. 8, 21.1, 88.2, 90, 93.1, 94.1, 94.2, 95, 98, 99, 102.1, 102.2, 105 (Trueffelpix)
S. 9.1 (industrieblick), S. 9.2 (Picture-Factory), S. 9.3, 9.4, 9.6 (Monkey Business)
S. 9.5 (olgavolodina), S. 13.1 (MarcelS), S. 13.2 (X BEGUET), S. 14.1 (stefan_weis)
S. 14.2, 14.4 (TTstudio), S. 14.3 (industrieblick), S. 14.5 (fiphoto), S. 15.2 (Leonid Ikan), S. 16.1 (Daniel Ernst), S. 16.2 (Evren-Kalinbacak), S. 21.2 (schankz), S. 21.3 (fidelio), S. 21.4 (monticellllo), S. 21.5 (Avantgarde), S. 21.6 (Evgenia Tiplyashina), S. 21.7 (Puchalt), S. 24.1 (alain wacquier), S. 24.2 (Ingo Bartussek), S. 25.1 (Matthias Krüttgen), S. 25.2, 25.3 (Igor Tarasov), S. 27 (bilderzwerg), S. 28.1 (Tom Hansen), S. 28.2 (Svenni), S. 28.3 (Kumbabali), S. 28.4 (inamai), S. 29 (Kurhan), S. 39.1 (Antonioguillem), S. 39.2 (euthymia), S. 39.3 (ProMotion), S. 43.1 (Andrey Kiselev), S. 43.2 (Saverio M), S. 43.3 (Astrid Gast), S. 43.4 (paffy), S. 43.5 (Studio Kwadrat), S. 44, 56.2, 66.1 (Andrew Barker), S. 47.1, 54.1, 54.2, 55.2, 55.3, 55.4, 91 (DOC RABE Media), S. 47.2, 48.1, 48.2, 48.3, 49.1, 49.2 (Giuseppe Porzani), S. 47.2 (ExQuisine), S. 48.1 (B. Wylezich), S. 48.2 (sk_design), S. 49.1 (fullempty), S. 49.2 (chones), S. 49.3, 51.2, 51.3 (tunedin), S. 49.3 (jazz_paint), S. 50.1 (tassel78), S. 50.1, 50.2, 50.3, 51.1, 51.2 (HP_Photo), S. 50.1 (andersphoto), S. 50.2 (Schlierner), S. 50.3 (Mara Zemgaliete), S. 51.1 (T. Michel), S. 51.1 (michal812), S. 51.2, 71.1 (drubig-photo), S. 51.3 (SG-design), S. 51.3 (Photobank), S. 52 (DeVIce), S. 53 (Erik Schumann), S. 54.3 (lucadp), S. 55.1 (dimedrol68), S. 55.5 (thingamajiggs), S. 55.6 (fotogestoeber), S. 61 (belinka), S. 61 (geargodz) S. 62.1 (Denis Junker), S. 62.2 (RFsole), S. 63.1 (ferkelraggae), S. 64.2, 73.1 (forkART Photography), S. 64.3 (Aquir), S. 66.2 (Distrikt3), S. 66.3 (Vadim Andrushchenko), S. 67.1 (roxcon), S. 67.2 (Alterfalter), S. 70, 84 (Atlantis), S. 71.2 (styleuneed), S. 71.3 (Heike Jestram), S. 72.1 (Alliance), S. 72.2 (Halfpoint), S. 72.3 (Click Images), S. 72.4 (TristanBM), S. 73.2 (Butch), S. 73.3 (papalapapp), S. 73.4 (akf), S. 78.1 (gromovataya), S. 78.2 (danilkorolev), S. 78.3 (inarik), S. 81 (digitalefotografien), S. 85 (Marco2811), S. 88.1 (Lagartija de colores), S. 93.2 (Coloures-pic), S. 97 (photo4luck), S. 103, 104, 106 (rendermax)

Istock.com
S. 43.4 (freemixer), S. 64.3 (artvea), S. 89.1 (aluxum), S. 89.2 (GlobalStock), S. 96.1 (sturti), S. 96.2 (AlexRaths), S. 96.3 (ericsphotography), S. 96.4 (style-photographs)

dpa Infografik GmbH, Hamburg: S. 15.1

Eigene Darstellung in Anlehnung an Bergmoser Höller Verlag,: S. 23

Geisler Michael:
www.volksvermoegen.wordpress.com/2014/04/09/welt-der-gegensatze-welt-derungerechtigkeiten-2/, S. 41

ECOVIN Bundesverband Ökologischer Weinbau: S. 63.2

RAL GmbH: S. 63.3

FSC Schweiz: S. 63.4

OEKO-TEX® Service GmbH: S. 64.1

GEPA – The Fair Trade Company: S. 64.3

Fair-spielt: S. 64.3

Fair Wear Foundation: S. 64.3

A

Anhang